전술적 주기화 트레이닝

**전술적 주기화
트레이닝**

초판 1쇄 찍은날 2024년 7월 5일
초판 1쇄 펴낸날 2024년 7월 8일

지은이 이용수

펴낸이 최윤정
펴낸곳 도서출판 나무와숲 | 등록 2001-000095
주　소 서울특별시 송파구 올림픽로 336　910호(방이동, 대우유토피아빌딩)
전　화 02-3474-1114 | **팩스** 02-3474-1113
e-mail namuwasup@namuwasup.com

ⓒ 이용수 2024

ISBN　979-11-93950-03-6　　03690

* 이 책의 무단 전재 및 복제를 금지하며, 글이나 이미지의 전부 또는 일부를
　이용하려면 반드시 저작권자와 도서출판 나무와숲의 서면 허락을 받아야 합니다.
* 값은 뒤표지에 있습니다.
* 잘못 만들어진 책은 구입하신 서점에서 바꿔 드립니다.

전술적 주기화 트레이닝

이용수 지음

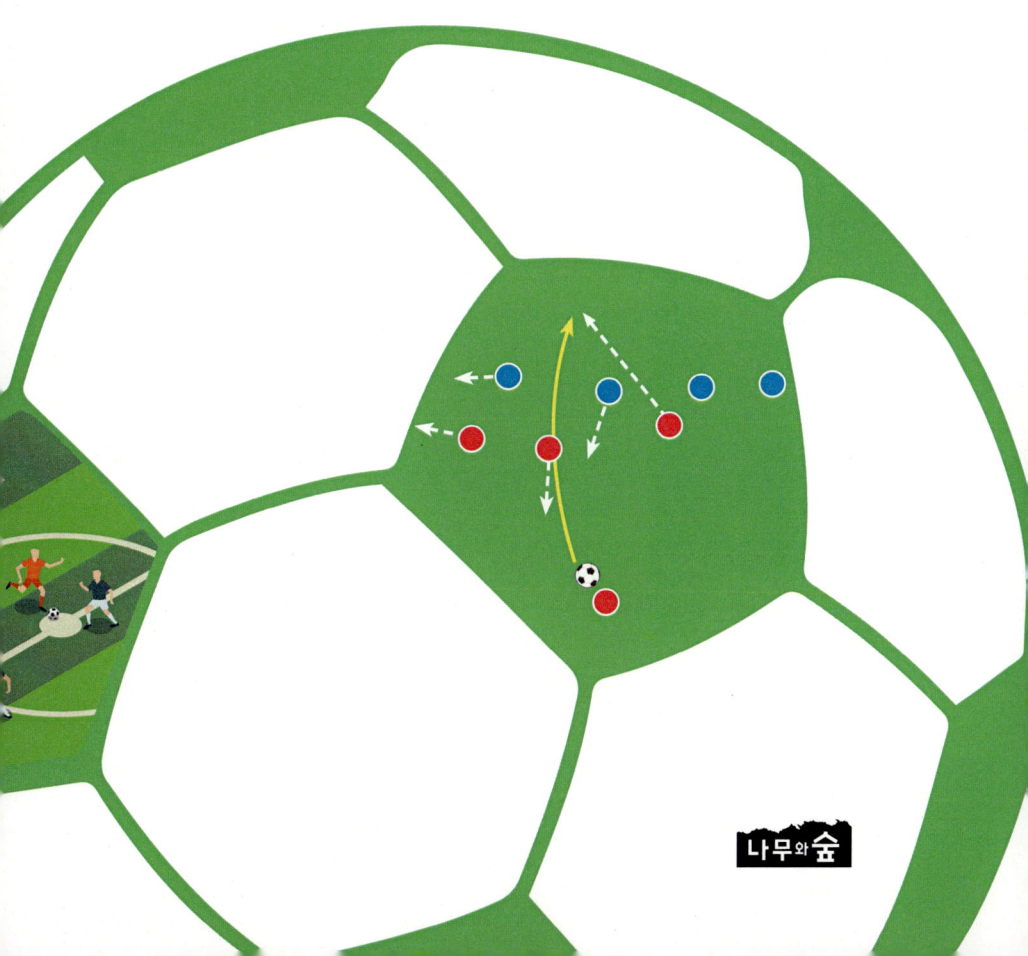

과학적 방법 없이 훈련에 열중하는 사람은
나침반 없이 비행기를 운항하는 조종사와 같아서
결코 자기가 원하는 목적을 달성할 수 없다.

- 레오나르도 다 빈치 -

들어가는 글

기존의 축구선수 트레이닝에 대한 접근에 따르면 축구 경기력 요인을 전술적·기술적·체력적·심리적 요인 네 가지로 구분하고, 각 요인별로 분리해 실시하는 트레이닝이 시도되어 왔다. 오랜 기간 기본 기술 훈련, 스피드·지구력 등의 체력 훈련과 전술 훈련을 분리해 선수를 트레이닝하는 방법이 활용되어 온 것이다. 다른 한편 볼을 사용하여 위 요인 중 둘 또는 셋 이상의 요인을 통합적으로 훈련하는 방법도 사용되고 있으나, 전통적 훈련 방법과 큰 차이가 없다.

그러나 '전술적 주기화Tactical Periodization' 트레이닝은 이와 완전히 다른 접근의 트레이닝 방법이다. 이것은 전술을 우선에 두는 축구 전문 주기화 트레이닝으로, 목표를 경기 방법의 개념화에 두고 축구의 논리적 구조에 따라 '훈련하고 학습하는' 것이다. 전술적 주기화 접근 방식에서는 트레이닝 계획과 설계를 할 때 그 중심에 항상 전술을 둔다. 이는 전술적 접근만이 기술·운동 능력 같은 경기력 요인을 경기에 적용할 수 있도록 하기 때문이다.

전술적 주기화 트레이닝에서 가장 중요한 것은 경기의 복합성을 볼 수 있도록 하는 총체적 접근 방법이라는 개념이다. 실제 축구 경기에서 성공적으로 경기를 풀어 나가기 위해서는 그 상황에 적합한 전술적 결정부터 해야 한다. 즉, 선수는 먼저 결정을 하고 그에 부합하는 기술 동작을 실행해야 한다. 기술은 운동 능력 또는 체력이 발현되는 것으로, 움직임이 필요한 상황에서 전술적 복합성에 대한 이해가 없다면 스피드나 기술 같은 개별 요소들이 경기의 전체 맥락에 통합되지 못한다. 빨리 달리는 것은 좋은 능력이다. 그러나 선수가 적합하지 않은 위치에서, 적합하지 않은 타이밍에 빨리 달리기만 한다면 팀 경기력에 보탬이 되지 못할 것이다.

훌륭한 선수란 각기 다른 경기 상황에서 가장 적합한 움직임을 선택할 줄 아는 선수이며, 이때 적합한 움직임이란 전술적 상황에 따라 결정된다. 그러므로 전술적 측면을 중심에 두는 것은 훈련을 구성하는 가장 중요한 요소라고 할 수 있다. 다만 전술적 측면은 그 자체로 존재하는 별개의 요소가 아니라 기술과 체력, 심리적 요인 등 서로 다른 세 가지 측면과 상호 작용을 통해 존재하는 것이다. 이러한 이유로 전술적 주기화 트레이닝 접근 방식에서 네 가지 경기력 요인을 각각 따로 훈련하지 않고 전술을 항상 중심에 두는 것이다.

경기에서 요구되는 능력과 특징은 분리해서 생각할 수 없고, 분리되어 나타나지도 않는다. 따라서 경기 상황을 정확히 파악하고 그에 부합하도록 플레이하는 것은 물론, 전술적으로 움직이기 위해 명확한 경기 모델을 만들고 이를 트레이닝을 통해 학습해야 한다.

경기 모델이란 팀의 철학과 장단점 등을 고려하여 경기 상황에서 팀이 어떻게 플레이할 것인가를 정하는 것이다. 모든 팀에 적용할 수 있는 완벽한 경기 모델이란 없다. 오직 각 팀에 맞는 이상적 경기 모델을 구축하기 위해 노력하는 것이다. 그렇기에 경기 모델이 각 팀의 DNA이며, 이를 통해 팀의 특징이 형성된다. 그리고 채택한 경기 모델 안에서 모든 선수의 잠재력을 최대한 끌어낼 수 있어야 한다.

가장 좋은 트레이닝 방법을 제공하기 위해서는 적합한 경기 모델을 만드는 것이 무엇보다 중요하다. 팀이 경기 상황에 맞추어 어떻게 플레이를 하고, 어떤 전술적 움직임을 펼칠 것인지가 명확한 경기 모델을 만들어서 이를 학습하고 훈련해야 한다.

이 책은 축구 지도자들이 이와 같은 과정을 만들어 가는 데 도움을 주고자 전술적 주기화 트레이닝의 기본 원칙에 기반한 경기 모델을 만들어 가는 과정을 단계별로 제시하고 있다. 특이성의 원리와 플레이 원칙 운용의 원리 등 전술적 주기화 트레이닝을 활용하기 위한 방법론적 원리를 제시하면서, 경기 모델의 작성 예시를 통해 축구 지도자들이 자신의 팀 상황에 따라 경기 모델을 구축하고, 전술적 주기화 트레이닝 방법으로 훈련함으로써 선수 개개인의 역량 향상과 팀의 경기력을 높이는 데 구체적으로 기여하는 자료가 될 수 있도록 구성하였다.

유소년 지도자의 역량이 그 나라의 축구 수준을 결정하는 가장 중요한 요인이라 생각한다. 국가대표 선수가 어느 날 갑자기 나타날 수 없듯이 유소년과 청소년 축구선수가 성장하는 과정에서 함께하며 이끄는 지도자는 축구의 미래에 지대한 영향을 미치는 존재로, 이러한 지도자의 중요성은 거듭 강조해도 모자람이 없다.

또한 운동장에서 경험을 바탕으로 축구의 경기력 요인을 지도하는 것도 중요하지만, 기록된 또는 영상으로 된 자료를 준비하여 제공하는 것 역시 선수들의 축구에 대한 전술적 이해를 높일 수 있고, 더 나아가 팀 전체가 공통된 생각을 동시에 할 수 있도록 한다는 장점이 있다. 지도자가 문자로 정리된 지도 자료를 준비하여 학생 선수들과 이야기를 나누는 것만으로도 축구선수들의 이해와 전술적 역량을 향상시킬 수 있는 발판이 될 수 있다고 생각한다.

바쁜 일정에도 자료와 원고를 제공해 주신 국가대표팀 이재홍 피지컬 코치님과 수원삼성 U18팀 백승주 감독님께 감사드린다.

어려운 여건 속에서도 축구의 가치를 높이며, 우수 선수 육성을 위해 최선을 다하고 있는 대한민국의 축구 지도자들에게 존경의 마음을 전하며 작은 도움이 될 수 있기를 소망한다.

2024년 6월
이용수

차 례

들어가는 글   6

I. 서론   15

II. 트레이닝 원리와 축구 트레이닝 방법

1. 트레이닝의 의미와 원리   23
   1) 트레이닝이란?   23
   2) 트레이닝의 원리   25

2. 축구 트레이닝 방법   30
   1) 분석적 방법   30
   2) 통합적 방법   33
   3) 전술적 주기화 방법   35

III. 주기화 트레이닝의 발달 과정

1. 일반적 적응 이론과 전통적 주기화 모델   41
   1) 마트베예프의 주기화 모델   45
   2) 아로세이예프의 펜듈럼 모델   48

2. 현대적 주기화 모델   50
   1) 트레이닝 블록형 모델 : 적은 운동량 & 강도 높은 전문 트레이닝   50
   2) ATR 모델 : 축적, 이행, 실현   52
   3) 봄파의 확장형 수행 능력 모델 : 최고 수행력 달성을 위한 점진적 트레이닝   54
   4) 세이룰로의 인지 모델 : 인지적 이해의 중요성   56
   5) 베르하이옌의 6주 주기화 모델   61
   6) 청소년팀의 6주 주기화 트레이닝 모델   68

Ⅳ. 전술적 주기화 트레이닝

1. 경기의 4단계   109

2. 경기 모델의 개발과 중요성   115
   1) 경기 모델의 발전적 단계   118
   2) 포메이션 선택   123
   3) 플레이 원칙과 구조의 상호 작용   126
   4) 경기 모델과 플레이 원칙   141
   5) 경기 모델과 선수의 역할   146

3. 전술적 주기화의 방법론적 원리   150
   1) 특이성의 원리   151
   2) 플레이 원칙 운용의 원리   152
   3) 플레이 원칙의 체계적 위계 원리   153
   4) 특이성 원리의 수평적 변화 원리   154
   5) 운동수행능력 안정화의 원리   156
   6) 조건부 연습의 원리   157
   7) 단계적 진행의 원리   160
   8) 전술적 피로 및 집중의 원리   162

4. 경기 4단계의 전술적 운용　　　　　　　　　　　　166

　1) 공격 단계(팀 철학 : 경기를 주도한다)　　　　　　166
　2) 공격에서 수비 전환 단계　　　　　　　　　　　171
　3) 수비 단계　　　　　　　　　　　　　　　　　177
　4) 수비에서 공격 전환 단계　　　　　　　　　　　187
　5) 표준 주간 트레이닝 계획　　　　　　　　　　　193
　6) 전술적 주기화의 학습 방법　　　　　　　　　　199

5. 코칭과 경기 모델 트레이닝　　　　　　　　　　　204

　1) 코칭에서 언어의 역할　　　　　　　　　　　　205
　2) 지도자의 암묵적 지식과 명시적 지식　　　　　　207
　3) 창의적 경기 모델과 트레이닝 프로그램　　　　　211

참고문헌　　　　　　　　　　　　　　　　　　　　234

전술적 주기화 트레이닝

I 서론

축구는 105×68m의 경기장에서 11명의 선수가 정해진 경기 규칙에 따라 손과 팔을 제외한 신체의 모든 부분을 사용하여 더 많은 득점을 올리는 팀이 승리하는 스포츠이다. 이러한 축구 경기의 승패를 결정하는 요인으로는 체력적·기술적·심리적·전술적 요인 네 가지를 들 수 있다.

그중에서도 특히 체력적 요인은 현대 축구의 필수 요소인 강한 압박과 빠른 공수 전환 등을 위해 그 중요성이 높게 평가되고 있고, 적합한 트레이닝으로 향상시킬 수 있어 많은 관심과 연구가 진행되고 있다(Drust, Atkinson, & Reilly, 2007; Krustrup et al., 2005; Reilly, 2003; Reilly, Bangsbo & Franks, 2000).

축구 경기에서 요구되는 전문 체력은 다른 스포츠에서 요구되는 전문 체력과는 차이가 있다. 축구선수는 20~30m를 빠르게 달릴 수 있어야 하고, 신속한 방향 전환 및 신체 평형 유지와 함께 이러한 동작을 90분간이라는 경기 시간 내내 반복할 수 있어야 한다(김의수 외, 2000). 경쟁하여 볼을 빼앗거나, 빠르게 방향을 바꾸어 수비수를 돌파하는 등 순간적이면서도 강도 높은 움직임을 통해 득점이 가능하기 때문에 경기 결과에 영향을 줄 수 있는 빠르고 강도 높은 고강도 달리기, 스프린트가 매우 중요하다(Mohr, 2003).

축구 경기의 승패는 득점에 의해 결정되고, 득점은 볼 컨트롤에서 패스 그리고 슈팅으로 연결되어야 하기에 이러한 기술의 습득 없이는 경기에서 승리할 수 없다. 축구 경기에서 발을 사용하는 기술을 발휘할 때, 한 발은 몸의 중심을 유지하는 데 쓰고 다른 한 발로는 볼을 다루며 상대방을 공략해야 하므로 축구의 경기력 결정 요인으로서 기술의 중요성은 더욱 강조된다.

축구는 몸과 몸이 격렬하게 부딪히고 신체 접촉이 많은 경기이므로 강한 투지와 정신력이 경기 결과에 큰 영향을 미친다. 훌륭한 기술과 좋은 체력을 가지고 있어도 정신적인 준비가 되어 있지 않으면, 그 능력을 다 발휘할 수 없다. 순간적으로 급격하게 바뀌는 공격과 수비의 전환 상태에서의 정확한 판단과 후반전 막바지에서의 신체적 피로에도 불구하고 모든 힘을 다해 승리로 이끌려는 강인한 의지, 이른바 '근성' 없이는 축구 경기에서 승리하기 어렵다. 어려운 상황에서도 이겨낼 수 있는 투지와 정신력, 팀 구성원 간의 성격에 대한 이해와, 하나의 팀으로서 동료들을 도와주며 희생을 감내할 수 있는 팀워크 등 정신적 요인은 축구 경기의 승패를 결정하는 데 있어 기술적·체력적 요인과 함께 매우 중요하다.

또한 축구 경기는 공격과 수비가 서로 역동적으로 변화하는 과정의 연속이라고 할 수 있다. 일반적으로 전술이란 '경기가 진행되는 과정에서 이루어지는 모든 장면에 대한 경기 운영의 대비책'이라 할 수 있다. 즉, 전술이란 주어진 조건과 장면에서 팀의 경기력을 최대한 효과적으로 발휘하기 위해 필요한 것으로, 합리적이고 계획적이어야 한다. 예를 들면 상대방의 전력과 시스템 등을 고려해 지역 방어를 할 것인지, 아니면 대인 방어를 할 것인지를 결정한다거나 경기장의 조건이나 경기 당일의 기후 조건을 고려해 숏 패스와 롱 패스 중 주로 어느 것을 사용할지를 결정하는 것이다. 이렇듯 상대방의 경기 운영을 고려하여 우리 팀의 대응책을 수립하고, 상대방의 장점을 차단 또는 위축시키면서 상대방의 단점을 이용하여 우리 팀이 효과적인 공격을 펼칠 수 있도록 전술을 구사해야 경기를 승리로 이끌 수 있다.

지도자는 선수 개개인의 장단점을 완전히 파악하여 각기 자신의 장점을 최대한 발휘할 수 있는 포지션에 선수들을 배치하고, 선수들은 지도자의 전술 의도를 잘 이해하고 동료 선수들과의 협력과 공동 노력으로 팀 전술을 수행할 때 좋은 경기 결과를 얻을 수 있다.

축구에서의 전술은 개인 전술, 그룹 전술, 팀 전술 크게 세 단계로 나눌 수 있다. 개인 전술은 선수 개인이 경기장에서의 변화에 따라 상대방을 고려하여 취하는 대인 기능으로서의 전술을 의미한다. 상대방의 위치와 움직임을 고려하여 볼을 컨트롤하거나 트래핑 방향을 결정하고, 드리블의 방향과 속도를 조절하는 등 개인의 기술을 상대방에 따라 적절하고 유용하게 활용하는 것이 개인 전술의 요점이다. 그룹 전술은 두 사람 이상이 공격과 수비를 할 때 협력하여 실시하는 효율적인 경기 운영을 뜻한다. 일반적으로 콤비네이션 플레이로 정의할 수 있다. 팀 전술은 우리 팀과 상대 팀의 전력을 충분히 고려하여 팀 전체가 종합적인 경기력을 최대한 발휘할 수 있도록 하는, 팀의 종합 작전을 의미한다. 이러한 팀 전술은 시스템을 포함하여 상대 팀의 장단점, 우리 팀의 장단점, 경기장 조건, 기후 조건 등을 고려하여 수립해야만 좋은 결과로 이어질 수 있다.

다른 스포츠와 마찬가지로, 축구에 재능이 있는 선수들의 발굴과 육성은 시스템적 프로그램을 통해 실현될 수 있다. 유소년 선수들이 출중한 경기력에 도달하거나, 프로팀 영입 제안을 받는 등 최종적 성공을 거두기 위해서는 다양한 훈련과 경기 경험은 물론, 기술적·운동적, 그리고 인지·지각적인 능력과 개인적·사회적 그리고 문화적 요소들의 총체적이고 과학적인 트레이닝 과정이 절대적으로 필요하다.

엘리트 선수 육성을 위해 그동안 연구되고 활용되어 왔던 팀 스포츠에 대한 트레이닝 방법론을 정리하면 분석적 방법, 통합적 방법, 그리고 전술적 주기화 방법 세 가지 경향으로 나눌 수 있다.

분석적 방법은 특정 대회에서 최고의 경기력을 발휘하기 위해 체력적 준비를 강조하는 트레이닝 방법으로, 동유럽 국가들에서 시작되었으며 시즌을 주기 periods 로 나누는 것이 특징이다. 경기 모델과는 직접적 연관성이 없는 일반적인 준비 과정에 초점을 맞춘 신체적 훈련이 주를 이루고, 체력·기술·전술·심리적 요인에 기초한 각각의 과정을 훈련하는 방법이다.

통합적 방법은 분석적 방법에 대한 반작용으로 나타난 것으로 운동 종목별 특이성을 고려하여 신체적·기술적·전술적 부분을 통합적으로 훈련하는 트레이닝 방법이다. 경기 자체와 그 특이성의 중요성을 더욱 부각시킴으로써 트레이닝과 경기에서 요구되는 경기력이 비슷한 수준이 되는 장점이 있지만, 특이성의 정도는 오직 특정 스포츠와 연관이 있으며 지도자가 원하는 일정 스타일의 경기 모델과는 여전히 차이가 있다.

최근 축구 경기에서 요구되는 체력·기술·전술적 수준이 변화함에 따라, 이전의 트레이닝 개념이나 방법과는 다른 방법이 제시되었다. 포르투갈과 스페인 지도자들이 제시한 전술적 주기화 방법은 '경기 모델game model'이 훈련 과정의 중심이 되는 트레이닝 방법이다. 빅토르 프레드Victor Frade가 '전술적 주기화'라고 알려진 새로운 축구 훈련 방법을 제시하였다. 프레드는 경기는 전술로 표현되므로 우리가 원하는 플레이 방식과 트레이닝 방식을 같게 하는 것이 중요하다고 강조하였다(Bordonau & Villanueva, 2018).

전술적 주기화의 목적은 한마디로 결과가 예측되는 운용 가능한 경기 모델을 만드는 것이다. 따라서 경기 모델과 원칙은 시작 시점부터 트레이닝 과정을 선도한다. 전술적 주기화에 따르면 반드시 지도자의 경기 운영 원칙이 담긴 특화된 연습 과정을 통해 경기를 조직해야만 한다.

과학적이고 체계적인 계획과 방법으로 축구선수의 신체적 운동 수행 능력과 기술 및 전술 운용 능력을 높임으로써 경기력을 향상시키는 훈련은 1회 또는 단기간에 끝나는 것이 아니고 수년간에 걸쳐 이루어진다. 오랜 기간 훈련을 하면서도 과도한 트레이닝을 예방하고 필요한 시기에, 즉 각종 축구대회에서 선수들이 경기를 위한 최고의 컨디션 상태에 도달하도록 만들기 위해서는 트레이닝 원리에 맞추어 운동량과 운동 강도 등의 트레이닝 변인을 잘 조절해야 한다.

스포츠의 역사를 보면 트레이닝 방법은 지속적으로 발전해 왔다. 러시아의 생리학자 마트베예프Matveyev가 일반 적응 이론GAS: General

Adaptation Syndrome에 기초한 단계별 트레이닝 주기화 모델을 제시한 이후, 스포츠 과학의 발전과 트레이닝 관련 유용한 정보에 따라 변화되고 발전된 형태의 다양한 주기화 모델들이 적용되어 왔다(O'Shea, 정성태·전태원·이용수, 1999).

주기화 모델은 실제로 유전적 잠재력을 극대화하기 위해 훈련을 몇 단계의 개념으로 조직할 때 전략적 이점을 제공하고 적절한 시기에 최대 경기력을 발휘하는 데 도움을 준다. 특히 최근 활용되고 있는 전술적 주기화 트레이닝 모델은 실제 효과와 경기력 향상에 많은 기여를 하고 있다(Aquino et al., 2018; DeWeese et al., 2013; Favero & White, 2018; Jeffreys, Huggins, & Davies, 2018).

이 책은 우수 선수 육성을 위한 주기화 트레이닝의 배경과 전술적 주기화 트레이닝의 이론 및 실제 프로그램을 살펴봄으로써 현장의 지도자들에게 도움을 줄 수 있는 전술적 주기화 프로그램의 개념과 트레이닝 프로그램을 제시하고 있다.

전술적 주기화 트레이닝

II 트레이닝 원리와
축구 트레이닝 방법

1. 트레이닝의 의미와 원리

트레이닝은 선수들의 개인 능력을 개발하고 경기력을 향상시키는 복합 과정이므로, 체계적이면서도 과학적인 방법에 따라 계획되고 실행되어야 한다. 이를 위한 트레이닝의 의미와 과학적 기본 원리를 정리하면 다음과 같다.

1) 트레이닝이란?

훈련 또는 연습 등과 같은 의미로 사용되는 트레이닝은 인체에 운동 자극을 주고 이에 대한 인체의 단기적·장기적 적응을 통해 인체의 기능과 형태, 운동수행능력을 높은 수준으로 발달시키는 계획적 과정이다(김기영, 2010).

트레이닝에 대한 스포츠과학자들의 견해는 두 가지로 요약할 수 있다. 첫째는 트레이닝에 관한 소극적 견해로, 운동에 의한 신체 기관과 기능의 생리적 발달 과정을 트레이닝으로 정의하여, 특히 에너지 측면의 체력 향상을 위한 프로그램만을 트레이닝 영역에 포함시키고, 스포츠 기술을 발달시키기 위한 프로그램은 별도의 연습 practice 영역으로 구별하는 것이다.

이에 비해 두 번째 견해는 보다 적극적이고 폭넓은 견해로, 체력 강화는 물론 스포츠 기술을 향상시키기 위한 인체의 자동조절 기능 향상을 위한 프로그램도 트레이닝에 포함시켜야 한다는 견해이다. 트레이닝은 경기와 실제적으로 연관되어야 하고 경기력 향상이 절대적 목표라는 것을 고려할 때, 대부분의 스포츠과학자들과 현장의 지도자들은 신체의 체력과 각 종목별 스포츠 기술 향상을 위한 모든 과정을 트레이닝에 포함시켜야 한다는 견해를 갖고 있다.

축구와 관련된 트레이닝의 의미를 생각할 때 체력과 기술적 요인이라는 두 가지 범위를 넘어, 상대 팀과의 경기 상황에 따른 전술적 요인을 생각하지 않을 수 없다. 예를 들어, A 선수가 체력과 기술이 뛰어나더라도 팀 동료 선수들과의 경기장 현장과 경기 실제 상황에 따른 전술적 판단 및 실행이 바람직하지 않다면 전체 팀의 경기력은 높아질 수 없을 것이다.

따라서 축구의 트레이닝은 경기와 직접 연관되어야 하고 부분 전술, 또는 11명 전체 팀으로서 전술적인 부분도 반드시 포함해야 한다. 이러한 점들을 고려하여 축구선수의 트레이닝에 대한 정의는 "과학적이고 체계적인 계획과 방법으로 운동선수의 신체적 운동수행능력(체력+기술+전술)을 높임으로써 경기력을 향상시키려는 종합적인 과정"이라고 요약할 수 있다.

다음 〈그림 2-1〉은 우수 선수들의 트레이닝 과정을 나타낸 것이다.

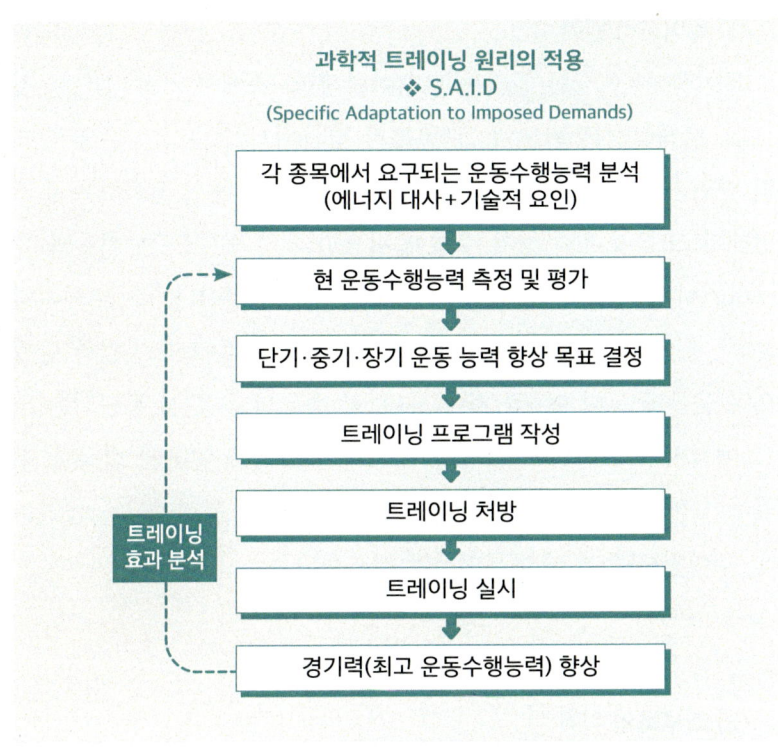

그림 2-1 우수 선수의 트레이닝 과정

2) 트레이닝의 원리

트레이닝을 통해 신체 능력과 전술적 변화 능력 등을 향상시키기 위해서는 과학적 트레이닝 원리를 이해하고 활용해야 한다. 트레이닝의 원리는 특이성의 원리, 과부하의 원리, 다양성의 원리, 개별성의 원리, 가역성의 원리 그리고 연령 적합성의 원리 등으로 세분화할 수 있다(O'Shea, 정성태·전태원·이용수, 1999).

(1) 특이성의 원리

특이성Specificity의 원리는 트레이닝 원리 중에서 가장 중요한 것으로, 트레이닝은 반드시 그 종목의 경기에서 요구되는 운동 형태 및 방법과 연관되어야 한다는 것이다. 트레이닝에서 실시하는 운동 형태가 그 스포츠의 경기 수행에 필요한 체력 및 스포츠 기술과 유사하거나 일치될 때 트레이닝 효과가 높기 때문이다. 즉, 트레이닝은 각 종목의 동작을 수행할 때 동원되는 근육 수축과 동일한 방법으로 근육 운동이 이루어져야 하며, 각 종목의 운동 시 동원되는 주요 에너지 시스템이 경기에서 발현되는 것과 동일하게 발달할 수 있어야 한다. 이러한 특이성의 원리는 전문성의 원리라고도 불리는데, 주어진 자극에 따라 특이하게 적응한다는 SAID Specific Adaptation to Imposed Demands 개념의 트레이닝 원리이다.

(2) 과부하의 원리

과부하Over-load란 일상생활에서 경험하는 자극 이상의 강도를 의미하는 것으로, 트레이닝의 효과를 결정하는 중요 요소 중 하나이다. 과부하의 원리는 신체의 운동 능력을 향상시키기 위한 트레이닝의 강도와 운동량을 선수 자신의 운동 능력보다 높은 수준으로 해야 한다는 원리로, 특히 근력·순발력·지구력 등의 체력 요인은 일정 수준 이상의 자극 또는 부하에 의해서만 증가될 수 있다는 원리이다. 지속적인 운동수행능력 향상을 위해 과부하의 원리는 점진적 부하 증가의 원리와 연결되어야 한다.

(3) 점진적 부하 증가의 원리

점진적 부하Progressive load란 적정 운동 부하를 일정 기간 또는 단계를 거치면서 부과하는 방법을 말한다. 점진적 부하 증가의 원리는 트레이닝 자극에 대한 신체의 적응력을 높이기 위해서 신체가 감당할 수 있는 운동량과 강도를 점진적·단계적으로 증가시키며 트레이닝을 해야 운동 능력이 발달하고 신체 기능이 개선되어 경기력이 향상될 수 있다는 원리이다.

(4) 다양성의 원리

운동수행능력이 높은 수준에 도달하기 위해서는 많은 시간의 트레이닝과 계속적인 반복이 절대적으로 필요하다. 그러나 이러한 많은 운동량과 트레이닝의 반복은 선수들에게 단조로움과 권태감을 줄 수도 있다. 일단 선수들이 단조로움 또는 권태를 느끼게 되면 트레이닝의 효과를 기대할 수 없다. 다양성Variability의 원리는 이러한 현상을 극복하기 위해 트레이닝을 할 때 운동 형태와 강도, 시간 등에 변화를 주어야 한다는 원리이다. 트레이닝 효과를 극대화하기 위해서는 반드시 다양한 프로그램을 개발하고 환경을 적절하게 변화시켜 선수들의 참여 의욕을 높이고 동기 유발을 해야 한다는 것을 지도자는 염두에 두어야 한다.

(5) 가역성의 원리

가역성Reversibility의 원리란 적절한 트레이닝을 계속 실시하면 운동수행능력이 향상되지만 중단하면 다시 원래의 수준으로 저하된다는 원리이다. 트레이닝 효과는 트레이닝의 조건과 실행 여부에 따라 변화하는데, 운동 부하를 강하게 또는 약하게 부과하거나 중지하면 트레이닝의 효과도 각각 다르게 나타나거나 트레이닝 전 단계로 되돌아갈 수 있다는 것이다. 트레이닝은 지속적으로 실행할 때 그 효과를 기대할 수 있다. 한 번에 몰아서 훈련을 하고 장기간 중단하는 것보다 꾸준하게 실시하는 것이 우수 선수의 트레이닝 과정에서 매우 중요하다.

(6) 개별성의 원리

개별성Individuality의 원리는 선수 개개인의 체력, 기술, 연령, 성, 성격, 발달 단계 등을 고려하여 트레이닝 계획을 세우고 실시해야 더 바람직한 결과를 얻을 수 있다는 원리이다. 즉, 선수 개인차에 대한 객관적 평가 자료(정기적인 체력 테스트, 경기 및 대회 기록 등)를 근거로 하여 트레이닝 계획과 처방을 함으로써, 선수 개개인이 최고의 운동 수행능력에 도달할 수 있도록 도움을 제공할 수 있어야 한다. 이와 함께 선수는 한 인격체로서 서로 다른 능력과 특성을 가진 독립된 개인이므로 트레이닝 과정 중에 선수 개인의 능력과 잠재력에 맞춰 트레이닝을 하는 것이 경기력 향상을 위해 매우 중요하다.

(7) 연령 적합성의 원리

연령 적합성Suitability of Age의 원리는 경기력을 최대로 발휘할 수 있는 적정 연령대와 체력, 기술, 전술 등 경기력 관련 요인의 적정 발달 시기와 연령을 고려하여 트레이닝을 실시하는 원리이다. 선수의 성장과 발육 상태를 무시하고 트레이닝을 실시하면 운동 능력을 향상시키기보다 오히려 잠재력을 저하시키고 부상까지 당할 수 있다. 그러므로 지도자는 스포츠 종목에 대한 트레이닝 유형과 스포츠 기술 및 전술의 난이도를 점검하여 선수의 연령과 성장 단계 등에 적합한가를 과학적 근거를 토대로 판단한 후 트레이닝을 실시해야만 바람직한 결과를 기대할 수 있다.

2. 축구 트레이닝 방법

축구에서 엘리트 선수 육성을 위해 그동안 연구되고 활용되어 왔던 트레이닝 방법론을 정리하면 분석적 방법, 통합적 방법, 그리고 전술적 주기화 방법 등 세 가지가 있다.

1) 분석적 방법

분석적 방법은 특정 대회에서 최고의 경기력을 발휘할 수 있도록 체력적 준비를 강조하는 트레이닝 방법으로, 동유럽 국가들에서 시작되었으며, 시즌을 주기 periods 로 나누는 것이 특징이다. 경기 모델과 직접 연관성이 없는 일반적인 준비 과정에 초점을 맞춘 신체적 훈련이 주를 이루고, 체력·기술·전술·심리적 요인에 기초한 각각의 과정을 훈련하는 방법이다.

이 모델은 경기 방식과 직접 연관이 없는 일반적인 준비 과정에 초점을 맞추므로 체력적 변화를 중요하게 생각한다. 또한 경기 상황에 따른 결정 과정 decision making process 이 중요함에도 불구하고 트레이닝의 2차적 역할을 수행하도록 하는 분석적 훈련법을 적용해 트레이닝을 실시한다.

러시아의 생리학자인 마트베예프가 개발한 트레이닝 방법으로, 초기에는 개인 스포츠에서 이 이론을 발전시켰으나 이후에 팀 스포츠

로까지 확대 적용되었다. 이 이론에 기초한 다양한 스포츠에서의 성공 사례들이 소개되면서, 이러한 훈련 방식은 전 세계 스포츠팀의 준비 과정에서 기본적 방법으로 활용되었다. 마트베예프(1977)에 따르면, 스포츠 훈련은 우리 몸에서 발생하는 다양한 생물학적 적응 현상들(기관의 기능 및 형태, 구조적 변화)과 긴밀하게 연관된 운동 수행이라는 개념과 함께 신체적·기술적·전술적·도덕적·의지적·이론적 요인 등이 모두 포함된다.

우리는 복잡한 아이디어를 분류해 단순화하고 분석하는 환원주의적 개념의 영향을 자주 받는데, 이는 현실 상황이 곧 운동 수행 요인이 발생하는 경기의 세계로 전환되기 때문이다. 이러한 요인들은 우선 독립적으로 훈련되고, 이후에 실제 대회에서 복합적으로 적용된다. 전술·기술 요인은 독립적인 상황에서 훈련되는데, 특히 각 요소들의 발달 과정을 통해 전체 경기력의 발달이 기대되는 형태로 훈련된다.

그러나 분석적으로 나누어 훈련하는 요인의 특성이 경기력 전체의 향상으로 이어지기 위해서는 각 요인의 특성이 축구 경기의 전술 상황에 적절하게 반영되어야만 한다. 축구선수의 스피드에 대하여 무리뉴 감독의 관점을 살펴보는 것은 많은 도움이 될 수 있다.

조제 무리뉴Jose Mourinho는 "세상에서 누가 가장 빠른가? 아마 우사인 볼트(100m 세계기록 보유자, 9초 58)일 것이다. 그는 100m를 10초 이내에 주파하는데, 이는 굉장히 빠른 속도이고 내가 아는 어떤 축구선수도 100m 달리기에서 그를 상대할 선수는 없을 것이다. 하지만 축구 경기 중, 내가 훈련시킨 팀에서라면 우사인 볼트는 아마 가장 느린 선수가 될 것이다. 또 다른 예를 들어 보면, 최근 느린 선수 중 한 명으로 꼽히는 데코의 경우, 만약 그를 100m 달리기 경기에 참가시킨다면 그는 우스꽝스러울 정도로 느리게 보일 것이다. 그 이유는 그가 균형 잡히지 않은 러닝 스타일을 가지고 있기 때문으로, 이는 최대 스피드를 내기에 좋은 조건이 아니다. 이외에도 그의 근육은 지근 섬유의 비율이 높기 때문에 폭발적인 스피드를 내지 못할 것이다. 하지만 축구 경기장에서 그는 내가 아는 가장 **빠른** 선수 중 한 명이다. 스피드 그 자체는 방향성을 가지고 있지 않은데, 이것이 축구 경기에서의 스피드와 다른 점이다. 축구 경기에서의 스피드는 경기 상황을 분석하고 특정 상황에 대응하며 적절한 반응을 판단하는 능력과 종합적으로 관련이 있기 때문이다."라고 말했다 (Bordonau & Villanueva, 2018).

전술적 주기화 모델의 지지자로서 조제 무리뉴는 다른 디자인의 훈련법들을 추구했는데, 이 훈련법에 따르면 스피드는 새로운 관점으로 판단된다. 이 방법으로 스피드를 분석하면, 역학적 관점으로만 고려했을 때 느린 선수가 복합적인 상황에서는 빠른 선수가 될 수도 있고, 이 선수는 상대가 예측하지 않은 방향으로 움직이기도 하며, 또한 볼을 가진 팀 동료가 다음 플레이를 위해 볼을 줄 곳으로 달리기도 한다.

이러한 관점에서 봤을 때, 선수의 움직임에서 스피드의 정도는 상황 판단 능력과 밀접한 관련이 있다. 이와 관련해 많은 연구자들이 스피드는 상황 판단 능력과 경험, 각각의 선수들 또는 팀의 전술적 방식과 연관되어 있다고 했다(Bordonau & Villanueva, 2018). 따라서 훈련 과정에서 우리가 발달시키기를 원하는 스피드는 우리의 경기 방식과 명확하게 연계된 '축구 스피드'이다.

이렇듯 분석적 방법이 갖고 있는 트레이닝 방법으로서의 한계에도 불구하고 축구선수 육성 초기 단계에서의 기본기 훈련이나 기초 체력 훈련 등에는 효과가 있는 트레이닝 방법으로 활용되고 있다.

2) 통합적 방법

통합적 방법은 분석적 방법에 대한 반작용으로 나타난 것으로, 운동 종목별 특이성을 고려해 신체적·기술적·전술적 부분을 통합적으로 훈련하는 트레이닝 방법이다. 경기 자체와 그 특이성을 더 부각시킴으로써 트레이닝과 경기에서 요구되는 경기력이 비슷한 수준이 되는 장점이 있지만, 특이성의 정도는 오직 특정 스포츠와 연관이 있으며 지도자가 원하는 일정 스타일의 경기 모델과는 여전히 차이가 있다. '통합적 연습'이 환경과 모든 경기 요소의 독특한 성격을 모아 경기력의 형태로 나타나게 하는 것은 아니다. 통합 훈련의 특이성은 오로지 스포츠의 종류와 연관 있으며, 특정 플레이 스타일과는 무관하다.

올리베이라(Oliveira, 2004)가 강조했듯이, 통합적 훈련은 전술적 관점에서 전체 훈련을 진행하지 않기 때문에 가이드 라인으로써 특정 경기 모델이 사용되지 않는다. 그러므로 매 상황마다 발생하는 선수들의 상황 판단이 공통의 경기 모델에 의해 조직화되고 조절되지 않기 때문에 통합적 훈련법은 전술적 주기화에 비해 덜 특화되어 있다고 할 수 있다. 이러한 특성으로 인해 선수들은 팀의 호흡에 대해 적극적으로 생각할 수 없으며, 팀워크가 필요한 순간 적절한 유기체적 움직임을 습득할 수가 없다.

통합적 트레이닝 방법의 효과에 대하여 부정적인 견해를 갖고 있는 무리뉴 감독의 견해는 다음과 같이 요약할 수 있다(Bordonau & Villanueva, 2018).

"축구 트레이닝 방법에는 전통적인 분석적 트레이닝 방법과 볼을 가지고 하는 통합적 트레이닝 시스템이 있다. 이 두 가지 시스템이 갖고 있는 취약점에 대해 근본적으로 고민하는 지점은 크게 다르지 않다. 나에게는 '전술적 주기화'라는 나만의 트레이닝 방식이 있는데, 이는 앞선 두 가지 트레이닝 방법과는 전혀 다른 것이다. 앞의 두 가지 트레이닝 방법의 유일한 차이점은 통합적 트레이닝 시스템의 경우 선수들에게 볼이 주어짐으로써 정신적으로 혼동을 줄 뿐이지, 트레이닝에 따른 결과는 전통적 방식과 전혀 다를 것이 없다."

일반적으로 볼을 가지고 하는 트레이닝에는 통합적 방법과 조직화된 방법, 즉 전술적 주기화 방법 두 가지가 있다. 통합적 방법의 트레이닝에서는 볼을 가지고 트레이닝을 하지만 경기 모델이 뒷받침되어 수행하지는 않는다. 선호되는 조직화된 방법의 트레이닝은 하고자 하는 플레이의 모델을 만들기 위해 처음 훈련을 시작할 때부터 볼을 가지고 한다. 따라서 팀은 첫날부터 플레이를 위해 조직되고, 경기력은 신체적·기술적·심리적인 수준에서 모델링된다. 이때 신체적·기술적·심리적 요인 모두에 집중하지만, 이 모든 것을 조정하는 것은 결국 전술적 활동이다.

다양한 트레이닝 방법론이 상당히 오랜 시간에 걸쳐 발전되고 향상되었음을 인정한다면, 앞으로 경기를 분석적으로 따로 떼어 훈련하는 방식은 지속적으로 적용될 것이다. 한편 지도자들이 경기 종목의 특성에 맞춰 통합적으로 훈련을 하는 방법도 계속 활용될 것으로 판단된다.

3) 전술적 주기화 방법

최근 축구 경기에서 요구되는 체력·기술·전술적인 수준이 변화함에 따라, 이전의 트레이닝 개념과 방법과는 다른 방법이 제시되었다. 포르투갈과 스페인 지도자들이 제시한 전술적 주기화 방법은 '경기 모델 game model'이 훈련 과정의 중심이 되는 트레이닝 방법이다. 빅토르 프레드는 '전술적 주기화'라고 알려진 축구 훈련의 새로운 방법을 제시하였다. 프레드는 경기는 전술로 표현되므로 우리가 원하는 플레이 방식과 트레이닝하는 방식을 같게 하는 것이 중요하다고 강조하였다.

전술적 주기화 방법의 목적은 결과를 예측할 수 있는 운용 가능한 경기 모델을 만드는 것이다. 따라서 경기 모델과 원칙은 개시 시점부터 트레이닝 과정을 선도한다. 전술적 주기화에 따르면 훈련은 반드시 지도자의 경기 운영 원칙이 담긴 특화된 연습 과정을 통해 경기를 조직해야만 한다.

전술적 주기화 방법에서 전술적인 면이 팀의 형태 spatial organization나 플레이 시스템으로 세분화되지는 않는다. 무리뉴 감독의 표현처럼 "전술은 잘 정의된, 일종의 플레이하는 원칙"이다. 즉, 공격과 수비 또는 공수 전환기에 코치가 원하는 가장 이상적인 방식에 따라 플레이하는 것을 말한다. 결국 궁극적인 목적은 조직화되지 않은 혼돈스러운 상태로부터 질서정연한 상태를 도출하는 것이다.

주기화는 곧 전술이다. 이에 대해 프레드는 다음과 같이 언급하였다. "경기는 우리가 원하는 플레이 방식과 우리가 플레이하는 방식의 전술로 표현된다. 주기화의 목적은 결과를 예측할 수 있는 운용 가능한 경기 모델을 만드는 것이다."

따라서 경기 모델과 그 원칙은 출발점에서부터 트레이닝 과정을 선도한다. 전술적 주기화에 따르면 훈련은 반드시 코치의 경기 운영 원칙이 담긴 특화된 연습 과정을 통해 경기를 조직해야만 한다. 연습의 특이성은 단순히 선수들의 구조적인 배치나 실제 발생하는 경기 상황에만 집중되어서는 안 되고, 코치는 본인이 발달시키고자 하는 부분에 선수들이 집중할 수 있도록 적절하게 지시해야 한다. 그러므로 전술적 주기화에서는 트레이닝의 특수성이 연습 과정의 설계에서뿐만 아니라 코치의 지도까지도 전체 경기의 맥락에 맞춰져야 한다.

트레이닝을 통해 선수들은 팀 전체와 선수 각자의 정체성을 발달시키는 일련의 플레이 패턴에 익숙해지게 된다. 팀으로서의 정체성은 시스템을 구성하는 요소들 간의 상호 작용에 의해 입증되고, 시스템은 규칙적이고 행동 패턴화된다.

고메즈(Gomez, 2006)에 따르면, 전술적 주기화의 과정은 경기 중 발생할 수 있는 모든 상황을 복합화하지 않은 채로 맥락과 관련 짓게 하는데, 이것이 곧 경기 모델이다. 전술적 주기화는 팀 내에서 의미를 갖는 공통의 경기 언어를 개발하게 하고, 이것이 각각 다른 역할을 가진 선수들이 전체로서의 특성을 갖도록 한다. 팀 내에서 각 선수의 역할은 결론적으로 전체 팀의 특성을 보여 주는 참조 사항이 되는 것이다. 일련의 원리들과 팀의 특성이 경기에 대한 전체적인 아이디어를 이끌어내는데, 이러한 아이디어는 모든 수준의 복합적인 상황에서 훈련되어야 한다. 훈련을 통해 선수들은 팀의 정체성을 유지할 수 있게 하는 전략을 발달시키게 된다.

신체적 측면은 여전히 중요하지만 신체적·기술적·심리적인 면을 전체적으로 조화롭게 하는 것은 결국 전술적 측면에서의 조직화이다. 어떠한 훈련이든 플레이의 아이디어와 유기적으로 연결되어야 한다. 이는 전술적 주기화가 통합 훈련과 구별되는 이유인데, 통합 훈련 또한 비록 볼을 사용하지만 때로는 플레이 스타일 혹은 방식에 대해 인지하지 못하는 경우가 있기 때문이다.

전술적 주기화 트레이닝 방법에서는 항상 전술이 계획과 트레이닝 설계의 중심에 있다. 전술적 접근만이 기술·운동 능력 같은 경기력 요인을 경기에 적용할 수 있도록 만들기 때문이다. 전술적 주기화 모델에서 가장 중요한 것은 축구 경기의 복합성을 보여 주는 총체적 접근 방법의 개념이다.

축구는 혼돈의 스포츠 a chaotic sport 로, 많은 요인들이 예측을 불가능하게 만든다(Tamarit, 2015). 모든 요인이 상호 작용을 하기 때문에 분리하여 볼 수 없다. 축구 경기 전체를 바라보면 여러 가지 복잡한 현상이 전술적, 기술적, 체력적, 심리적 그리고 전략적 요소 등으로 구성되었음을 알 수 있다. 그리고 경기 상황이 바뀌는 순간이 있음을 알게 된다. 이러한 순간이 팀의 공격과 수비 단계이며, 공격에서 수비로의 전환 또는 수비에서 공격으로의 전환 단계이다.

전술적 주기화의 전체 요점은 바로 이러한 순간moments들이 전체whole라는 것으로, 이러한 순간들을 각각 따로 분리해서 볼 수 없다는 것이다. 전술적 주기화 트레이닝 방법이 다른 트레이닝 방법보다 우월하다는 것은 아니다. 전술적 주기화 트레이닝은 축구의 변화를 이해하고, 결과를 만들어내는 비전을 제시하는 또 다른 트레이닝 방법이다.

전술적 주기화 트레이닝

III 주기화 트레이닝의 발달 과정

1. 일반적 적응 이론과 전통적 주기화 모델

팀이나 선수들의 잠재적 능력을 향상시키려면 적절한 강도의 트레이닝과 주요 내용이 포함된 일정 기간 이상의 트레이닝이 반드시 필요하다. 경쟁적인 스포츠의 역사와 함께 트레이닝 방법은 지속적으로 발전해 왔으며, 과학적 연구에 기초해 발전된 다양한 주기화 모델이 적용되어 왔다. 이번 장에서는 주기화 트레이닝 모델의 발달 과정과 현대적 주기화 모델을 살펴보기로 한다.

인체는 운동 자극에 반응을 하는데, 장기간 트레이닝과 반응의 결과로 운동 능력이 향상된다. 성공적인 트레이닝 효과를 얻기 위해서는 선수 개인이나 팀의 운동 수행력에 대한 정확한 진단과 처방, 운동 강도와 빈도, 기간 등이 과학적이고 체계적으로 정리된 트레이닝 프로그램이 필요하다.

주기화 트레이닝periodization or cycle training은 선수 및 팀이 원하는 시점에 최고의 경기력을 발휘할 수 있도록 단계별로 트레이닝 계획을 세우고 실행하는 것을 조정하는 모든 방법을 말한다(남상남 등, 2010). 즉, 운동선수들이 가지고 있는 잠재 능력을 최대한으로 개발하기 위한 강도 높은 반복적 훈련을 단계별로 가장 과학적이고 효과적으로 조직하고 실행하여 필요한 시점에 최고의 경기력을 발휘할 수 있도록 트레이닝하는 방법이다(그림 3-1 참조).

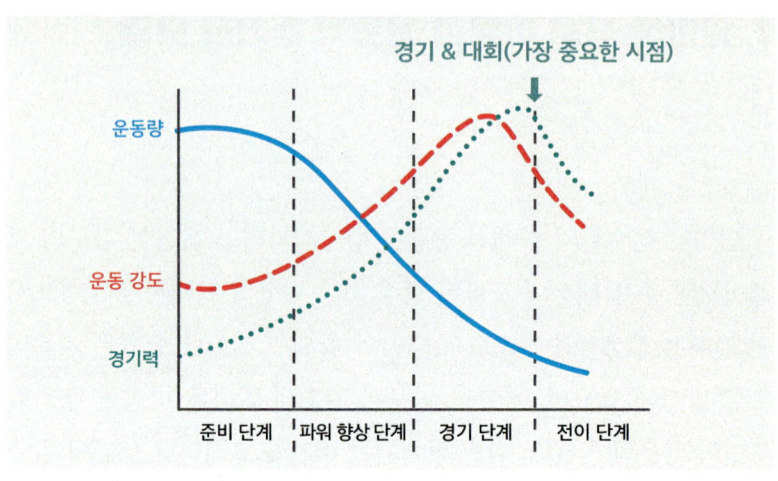

그림 3-1 주기화 트레이닝

1960년대 초 러시아의 생리학자 레오 파블로비치 마트베예프Leo Pavlovic Matveyev가 주기화 훈련 개념을 정립하였다. 주기화 개념은 트레이닝 목적에 따라 단계적으로 프로그램을 세분화하는 것이다. 우수 선수 육성을 위한 트레이닝은 단기간에 이루어질 수 없다. 수년간에 걸친 트레이닝을 체계적이고 점진적으로 계획하고 실행해야만 경기력 발달과 진전을 가져오고, 국제적 경쟁력을 갖춘 우수 선수로 성장할 수 있게 한다.

마트베예프의 주기화 개념은 '스트레스의 아버지'라고 알려진 오스트리아 출신의 캐나다 내분비학자인 한스 셀리에Hans Selye의 일반 적응 이론GAS : General Adaptation Syndrome에 기초한 것인데, 이는 훈련 자극에 적응하려는 운동선수의 변화 과정을 트레이닝에 적용한 것이다. 일반 적응 이론은 인간이 스트레스에 적응하는 단계는 경각 단계, 적응 단계, 그리고 과로 단계의 세 단계 과정을 통해 이루어진다는 것으로 스트레스와 적응, 피로 등의 관계를 이해하는 주요 생리적 기전을 제공하였다(Cunanan et al., 2018).

초기인 1단계는 경각 단계alarm stage로 훈련 자극에 대한 신체의 초기 반응 단계이다. 트레이닝 초기 단계로 운동 자극에 1~2주 동안 근육 통증이나 관절 결림 등이 나타나면서 운동수행능력이 저하되는 단계이다. 신체는 그 이상의 훈련 자극에 거부 반응을 보인다. 만약 훈련 자극이 점진적으로 가해진다면 2단계로 저항resistance 혹은 적응 단계adaptation stage가 일어난다. 이때 특정한 대사적·근신경학적·역학적·심리학적 적응이 경기력 향상과 함께 발생한다. 인체가 운동 자극에 적응하면서 운동수행능력이 향상되는 단계이며, 초과보상supercompensation이 이루어지는 단계이다. 세 번째는 과로exhaustion 혹은 과훈련 단계overtraining stage라 불리는 3단계이다. 운동 자극이 적절치 못하거나 스트레스가 너무 크면 트레이닝이 지루

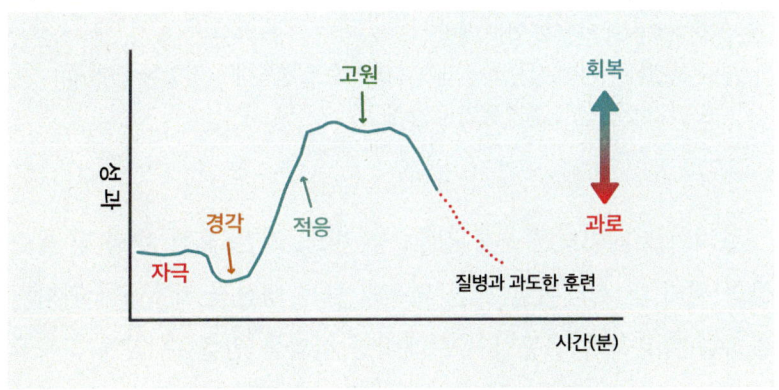

그림 3-2 한스 셀리에의 '일반 적응 이론(GAS)'

해지고 의욕이 상실되며 생물학적 적응 역치가 초과되어 몸과 마음이 훈련에 적응할 수 없는 상태에 빠지게 된다. 이 단계에서 더 이상 적응하지 못하고 경기력이 하락하는 것은 적절한 회복의 부재와 과도한 훈련으로 인한 중추신경계의 피로 때문에 발생한 것이다(그림 3-2 참조).

주기화 트레이닝은 과도한 훈련으로 인한 부정적인 트레이닝 영향을 배제하고 선수들이 갖고 있는 유전적 잠재력을 최대화하기 위한 훈련을 단계별로 계획할 수 있도록 전략적인 이점을 제공하고 최대 경기력을 획득하는 데 도움을 준다. 주기화는 지도자들이 훈련 목표를 향해 책임을 갖고 실행할 수 있도록 도움을 줄 수 있다.

주기화 트레이닝의 주요 목표는 다음과 같다.

주기화 트레이닝의 주요 목표

1. 훈련 자극에 대한 다양성 제공
2. 자극 부하의 변화를 통해 장기간의 진전 보장
3. 고강도 훈련 후 회복을 위한 휴식 기간 제공
4. 과훈련과 부정적 영향 예방
5. 적절한 시간에 정신적·신체적·정서적으로 정점에 도달할 수 있게 함
6. 장기간 높은 수준의 동기 유발 제공

주기화 트레이닝은 운동 강도, 양, 빈도, 기간, 휴식, 변화 및 특수성의 원리 등 트레이닝 관련 요소의 모든 생산적 기초에서 과학적 원리를 활용하여 성공적인 트레이닝 결과를 얻을 수 있게 도움을 준다(그림 3-3 참조).

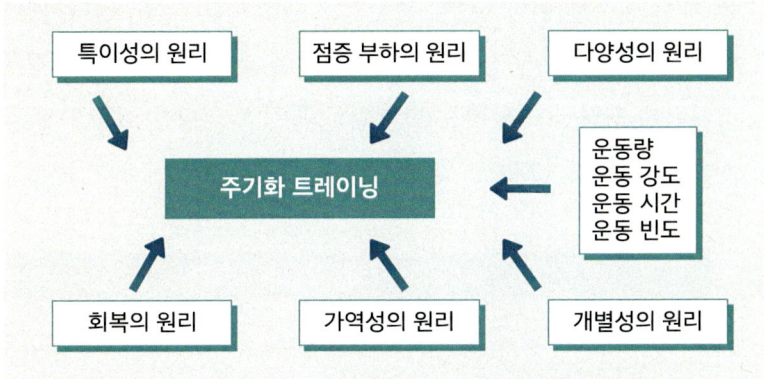

그림 3-3 주기화 트레이닝 원리의 구성

경기력 향상이라는 목표를 달성하기 위해 트레이닝은 몇 단계로 나눠 실행한다. 트레이닝 프로그램을 과학적·효과적으로 구성하고 실시하기 위해 연간 혹은 2~3개월 등 일정 기간을 기준으로 트레이닝 일정을 세분화할 때 설정되는 기간인 '주기'는 1년 단위의 장주기 macrocycle, 2~4개월 단위의 중주기 mesocycle, 그리고 1일 또는 일주일 단위의 단주기 microcycle로 나눌 수 있다.

1) 마트베예프의 주기화 모델

중주기는 트레이닝의 결과로 최고의 경쟁적 경기력을 얻기 위해서 매우 중요하다. 마트베예프는 초기에 중주기를 기초 컨디셔닝 단계, 근력 향상 단계, 경기 단계, 전이 단계의 4단계로 구성했으나 후에 우수 선수를 위한 5단계 중주기로 발전시켰다. 즉, 컨디셔닝, 근력 향상, 파워 향상, 경기 및 전이 단계로 각 주기는 최고의 경쟁적 경기력에 도달하도록 하는 단계별로 특징적 역할을 한다(O'Shea, 정성태·전태원·이용수, 1999). 각 중주기의 목표와 범위는 다음과 같다.

주기화 – 연간 훈련의 중주기

1. 기초 컨디셔닝 단계
2. 근력 향상 단계
3. 파워 향상 단계
4. 경기 단계
5. 전이 단계 : 활동적 휴식과 회복 단계

---

(1) 기초 컨디셔닝 단계

1중주기의 목표는 신체가 앞으로의 강도 높은 운동 경기 형태의 근력과 순발력 훈련에 참여할 수 있도록 준비하는 것이다. 이 주기에서는 저강도로 많은 운동량의 유산소성 운동을 하는 데 초점을 맞춘다. 지구성 형태의 들기, 사이클링, 달리기 그리고 일반적 컨디셔닝 활동을 통해 유산소 능력과 신체 구성에서의 긍정적 변화(체지방 감소)와 제지방의 증가를 유도해 내는 기간이다.

(2) 근력 향상 단계

2주기 중 폭넓은 기초 근력 획득은 앞으로의 강도 높은 훈련을 위해 요구되는 토대를 마련해 준다. 특히 파워존 power zone(대퇴사두근,

햄스트링, 대둔부, 복부, 배부 등)이라 불리는 몸 중심 부위의 근력 발달은 운동 수행능력과 밀접한 관련이 있는 만큼 중점적으로 트레이닝해야 한다.

(3) 파워 향상 단계

3주기는 거의 최대 부하를 이용하는 매우 강력한 폭발적 형태의 웨이트 트레이닝으로 특징지어진다. 이러한 강도 높은 웨이트 트레이닝은 근력과 스피드, 순발력 관점에서 훈련된다. 이 주기 중 스피드 활동(스프린팅)과 플라이오메트릭(점프 훈련)은 중요한 역할을 담당한다. 높은 운동 강도의 트레이닝을 할 때는 부상 가능성을 높이는 과훈련을 하지 않도록 주의해야 한다.

(4) 경기 단계

4주기는 최대 근력과 순발력 훈련을 포함하는데, 강도(중량)는 더 높이고 운동량은 현저하게 줄인다. 특정한 경기에서 최고의 능력을 발휘하고자 한다면 그 경기를 하기 3주 전에 4중주기를 시작해야 한다. 처음 2주는 최대 순발력 훈련에 중점을 둔다. 3주째에는 모든 훈련량이 최소한 50% 줄어드는 조절(테이퍼링, Tapering) 과정을 통해 신체적·정신적으로 강력하게 준비된 경쟁 상태에 돌입한다. 농구·축구·하키·야구 등과 같이 어떤 분명한 정점 없이 오랜 기간 경기가 지속되는 종목을 위해서는 오프시즌 중 발달된 근력과 순발력 수준을 유지하는 것이 매우 중요하다. 이는 1주일에 2회의 웨이트 트레이닝을 한 번은 낮은 강도, 한 번은 중·고강도로 하면 유지될 수 있다. 경기 다음날에는 가벼운 운동을 하여 빠른 회복을 돕는다.

(5) 전이 단계 (활동적 휴식)

경기 단계 다음의 활동적 휴식이 매우 중요하다. 활동적 휴식의 목표는 신체적·정서적으로 재충전되도록 하고, 새로운 중주기가 시작되기 전에 동기 유발 수준을 다시 형성하게 한다. 부상으로부터 회복하고 시즌에 대한 평가 및 다음 시즌의 목표를 세우는 것도 전이 단계에서 이루어져야 한다.

2) 아로세이예프의 펜듈럼 모델

아로세이예프Aroseiev는 트레이닝 시즌을 위한 비전통적인 계획법을 제안하였다. 특별 준비 트레이닝 시스템special training preparation system이라 명명한 '펜듈럼 모델pendulum model'에 대해 간략히 소개하면 다음과 같다(Bordonau & Villanueva, 2018).

(1) 축적 및 실현 단계

고강도의 트레이닝을 통해 신체적 능력과 기술적 능력을 결합하기 위해 각기 다른 두 단계, 즉 축적과 실현 단계를 지속적으로 발달 및 변화시킨다.

축적 단계는 많은 양의 고강도 트레이닝을 통해 신체적·기술적 능력을 기르는 것이 목표이고, 실현 단계는 기술적·전술적 수준을 정착시키기 위해 종목별로 특화된 트레이닝을 실시하는 단계를 말한다.

(2) 핵심 단주기와 조절 단주기의 교차

트레이닝을 위해 핵심 단주기the main microcycle와 조절 단주기the regulation microcycle, 두 가지 유형의 단주기(주 단위 트레이닝 기간)를 운용한다. 회복과 체력 수준의 향상을 위해 조절 단주기는 근육의 역량을 회복시키고 일반적인 체력 수준을 높인다. 핵심 단주기의 목적은 경기에서 요구되는 특화된 능력을 기르는 것이다.

'펜듈럼 효과'를 얻기 위해서는 핵심 단주기와 조절 단주기로 구성된 세트를 최소한 3~5회 실시해야 한다는 점을 감안해야 하며, 트레이닝 단주기 프로그램 실시 횟수는 트레이닝 기간에 따라 결정한다. '펜듈럼 효과'는 활동적 회복과 생체리듬이라는 두 가지 개념에 기초하고 있다. '활동적 회복'이란 운동 능력이 수동적인 휴식을 취할 때보다 신체 활동을 할 때 최고조에 있다는 것을 의미한다. 체력은 보다 효과적인 회복을 위한 '시계추의 움직임'과 같고, 생체리듬은 지구상에서 일어나는 현실 생활과 밀접한 관련이 있다고 강조한다.

연속적으로 수행하는 핵심 단주기와 조절 단주기 프로그램은 더 효율적인 회복을 가능케 하고, 일반적이고 전문적 능력에서도 리드미컬한 증가와 감소를 유발하는데 마치 시계추의 움직임과 같이 체력을 조정한다.

2. 현대적 주기화 모델

현대적 주기화 모델은 이전 모델의 개인별 계획의 한계와 경직된 구조로부터 탈피하여 생물학적 적응에 효과적인 모델로 연구자들이 제안한 것이다.

1) 트레이닝 블록형 모델 : 적은 운동량 & 강도 높은 전문 트레이닝

베르코샨스키Verkhoschansky는 러시아의 과학자이자, 올림픽 육상 트랙과 필드 종목의 코치였다. 플라이오메트릭 트레이닝에 관한 그의 업적은 상당한 관심을 받았다. 베르코샨스키는 운동수행능력을 결정하고 특징짓는 일정한 법칙들이 운동선수의 신체에서 일어나는 장기간의 적응 과정에 기초를 두고 있다고 주장했는데, 이는 강도 높은 트레이닝 부하와 운동량, 기간 등에 의해 결정된다고 말했다.

특정 트레이닝 부하의 강화
- 이는 방법 준비 개념 Method preparation concept 이라 부르는데, 엘리트 선수들은 전체적으로 매우 높은 수준의 트레이닝을 해왔기 때문에 특정 부하를 더 강화할 필요가 있다는 것이다.
- 각 선수들을 위해 종목별로 특화된 트레이닝이 이루어져야 하며, 고강도 트레이닝은 선수들이 경기 또는 대회에 더 잘 대비할 수 있도록 해준다.

장기 훈련의 긍정적 효과

- '트레이닝 블록형 모델'에 따라 고강도의 부하를 적용하면 특정 운동수행능력의 수준을 파악할 수 있다. 이 모델은 초기에 운동수행능력의 저하를 가져올 수 있는데, 이는 집중적으로 적용한 트레이닝의 부하와 관련이 있다.
- 합리적인 수준에서 특정 요인의 컨디셔닝 수준이 감소할수록 트레이닝으로 장차 더 향상된 운동 능력을 발휘할 수 있게 된다.

움직임의 속도

- 스포츠의 결과는 움직임을 일으키는 속도나 속도를 증가시킬 수 있는 선수의 능력에 의해 좌우되기도 한다. 최상급 선수로 발돋움하기 위해서는 스피드 관련 능력이 높은 수준의 정확성(기술력)과 적절히 조화를 이루어야 한다.

집중된 트레이닝 부하

- 선수의 적응력을 최대로 끌어올리기 위해서는 최대 약 20주까지 장기간에 걸친 집중된 트레이닝 부하를 수행해야 하고, 이 기간에 다음에 소개하는 원리들을 적용해야 한다.
- 각 트레이닝 블록은 특화된 트레이닝의 양을 확대하는 단계와 양은 줄이되 더 강하고 특화된 운동 강도에서 트레이닝하는 단계, 두 단계로 나뉜다.
- 트레이닝의 양을 전통적 방식의 모델보다 더 빠르게 증가 또는 감소시킨다. 이는 더 집중적인 트레이닝 부하를 유발한다.

- 트레이닝과 경기에서의 운동 부하는 서로 충돌하지 않는다. 이 둘은 기능적인 적응 현상, 즉 발달이라는 목표를 달성하기 위해 서로 조합되어야 하며, 발달 정도는 경기에서의 최고 강도의 부하와 트레이닝에서의 강도 높은 부하를 적용함으로써 생리학적 적응 과정을 통해 더욱 향상된다.

2) ATR 모델 : 축적, 이행, 실현

특정 운동수행능력이나 트레이닝의 특정 목적에 초점을 맞춰 월 단위의 중주기 트레이닝 단계별로 트레이닝 효과의 지속 정도를 고려하여 트레이닝의 부하를 집중하는 주기화 트레이닝 모델이다. ATR은 Accumulation(축적), Transformation(이행), Realisation(실현)의 약자이다.

특정 운동수행능력에 대한 트레이닝 부하의 집중
특정 운동 능력을 지속적으로 발달시키기 위해 월 단위 중주기의 특화된 트레이닝 블록을 활용한다.

트레이닝의 잔여 효과
- 월 단위의 중주기 계획은 잔여 트레이닝 효과residual training effects를 바탕으로 세운다.
- 유산소성 지구력 트레이닝과 최대 강도의 근력 훈련은 최상의 잔여 트레이닝 효과를 갖는다. 따라서 이러한 종류의 트레이닝은 후속 트레이닝에 대한 기초 훈련으로 실시해야 한다.

- 축적 : 축적 단계의 트레이닝은 최상의 잔여 효과를 낼 수 있는 기술들을 발달시키면서 시작해야 한다.
- 이행 : 이행 단계에서는 근력-지구력 혹은 스피드-지구력 같은 중간 정도의 잔여 효과를 낼 수 있는 운동 능력을 발달시키는 것이 목표가 되어야 한다.
- 실현 : 최종적으로 중주기의 실현 단계는 민첩성, 순발력, 조정력 같은 최소한의 잔여 효과를 갖는 능력을 발달시키는 것이 목표가 되어야 한다.

월 단위의 집중적인 중주기 계획

- 장주기 트레이닝 계획이 시즌 내내 운용된다. 중주기의 세 단계와 같은 형태로 운용되는데, 기술적·전술적 부분을 포함한 1년 시즌 단위 안에서의 중요한 장주기의 세 가지 주요 구조는 다음과 같다. 중주기 트레이닝의 기간은 시즌 중의 대회 참여에 따른 장주기의 횟수, 선수들의 체력 수준 그리고 종목의 특이성에 따라 결정된다.

① 축적 단계 : 기술적이고 운동 학습 능력 향상을 위해 중강도의 많은 양의 트레이닝을 실시하며, 주로 근력과 유산소성 체력, 기본 기술의 숙달과 실수를 줄이는 데에 집중한다.

② 이행 단계 : 이전에 축적된 기본 기술 및 운동 학습 능력을 더욱 특화된 기술적 동작으로 발전시킨다. 종목 특이적 기술을 안정화시키고 피로에 대한 저항 능력을 기르는 것이 주목적으로, 트레이닝의 양과 강도는 모두 높게 한다.

③ 실현 단계 : 시즌에 맞춰 최고의 결과를 내기 위한 운동수행 능력의 최적화 단계로, 트레이닝 내용은 보다 긴 회복기를 가지며, 종목에 완전히 특화된 고강도 운동으로 구성하여 경기에서 요구되는 수준의 운동 능력을 향상시킬 수 있는 트레이닝으로 압축한다.

3) 봄파의 확장형 수행 능력 모델 : 최고 수행력 달성을 위한 점진적 트레이닝

봄파Bompa는 연속적인 단계로 계획되고 조직화되어야 하는 복합적인 과정으로서의 트레이닝에 대해 연구한 끝에 주기화 모델을 제시하였다(Bompa, 1983). 봄파는 트레이닝과 대회 기간을 통해 팀 또는 선수는 일정 수준의 운동수행능력에 도달해야 하며, 또한 충분히 그렇게 할 수 있다고 주장하였다.

팀 스포츠 현실에 적응하기 : 긴 대회 기간에 대처하기 위한 적응 훈련
- 봄파는 주기화 트레이닝을 장기간 시즌을 치르는 팀 스포츠의 현실에 맞게 조정하였다.
- 일반적인 트레이닝 기간이라고 가정하면, 선수들이 최고의 운동수행능력은 아니지만 높은 수준에 이르렀을 때 시즌 전반에 걸쳐 이러한 체력 수준을 유지해야 하고, 경기의 일정상 최고의 수행 능력이 필요할 때에는 언제든 최고 수준으로 끌어올릴 수 있어야 한다.

체력 수준 1 : 트레이닝의 정도 – 스포츠에서 특별히 요구되는 체력 요인을 위한 트레이닝과 컨디셔닝

- 1단계 체력 수준은 일반적인 스포츠 퍼포먼스 수준인데, 이는 해당 스포츠에서 요구되는 매우 높은 수준의 체력 훈련으로 달성될 수 있다.
- 높은 수준에 이른 운동수행능력은 다음 단계의 훈련에 도움을 준다. 만약 운동수행능력이 낮다면 다른 단계의 훈련 또한 부정적인 영향을 받게 되고, 결과적으로 선수의 잠재력이 감소하게 된다.
- 정확한 분석에 따른 훈련법을 적용해야 하며, 적절하게 실제 경기로 이어져야 한다.

체력 수준 2 : 엘리트 선수의 형태 – 운동수행능력이 최고 수준 가까이 도달하는 단계

- 이 단계에서는 연습이 실제 경기와 같이 상대방과 팀 동료가 있는 상태에서 이루어져야 한다. 경기 상황과 너무 다르거나 복잡해서는 안 된다.

체력 수준 3 : 최고 수준 도달 단계 – 최고의 운동수행능력 수준에 올라서는 단계

- 최고의 운동수행능력을 발휘할 수 있는 상태는 아쉽게도 오랜 기간 유지될 수 없으며 빠르게 이전 상태로 회귀한다.
- 훈련의 복합성과 관련하여 트레이닝은 실제 시합에서 필요한 것들과 동일하게 이루어져야 한다.

- 비록 전술적이고 기술적인 면도 중요한 고려 사항이지만, 여전히 모든 활동의 체력적 요인의 컨디셔닝을 어떻게 조절하는가에 중점을 둔다.

4) 세이룰로의 인지 모델 : 인지적 이해의 중요성

바르셀로나대학 국가체육연구소 교수이며 20년 이상 FC 바르셀로나의 체력 코치로 재직한 프란치스코 세이룰로Francisco Seirullo는 1996년 '인지 모델Cognitive Model'이라는 트레이닝 모델을 발표하였다. 이 모델의 이름은 이론적 배경인 인지주의cognitivism에서 유래하였다(Bordonau & Villanueva, 2018). 세이룰로의 인지 모델은 개인 종목에서 전통적으로 사용되고, 팀 스포츠 트레이닝에도 적용되었던 행동주의actionism 모델에 대한 비판적 사고에서 나온 것이다.

행동주의 이론가들의 견해는 오직 자극과 이에 대한 반응에만 집중하고 느낌이나 이미지, 욕망, 혹은 눈에 보이는 생각까지도 배제한 채 완벽하게 눈에 보이는 활동만을 고려해야 한다는 것이다. 세이룰로는 이러한 행동주의자들의 관점은 지나치게 기본적인 요소만을 고려하여 설명하려는 환원주의적 관점으로서 팀 스포츠의 복합적인 현실에 맞지 않는다고 생각하였다. 그의 관점에서 보았을 때, 우리가 현실을 이해하는 것은 인간에 의해 만들어진 어떠한 모델들을 통해서 가능하고, 이러한 모델들은 항상 변화하고 발전하는 대상인 것이다.

인지 모델

① 선수가 처한 특정 상황과 경쟁 상황의 조건에 대한 분석에 초점을 맞춘다.
② 선수들의 요구에 부응한다.
③ 신호를 분석하고 해석하는 선수의 능력을 바탕으로 학습하고, 선수의 요구와 관심에 적합한 최고의 선택을 한다.
④ 선수들 각자가 자신만의 해석을 통해 새로운 동작을 개발할 수 있도록 전술적 상황의 조직과 원칙들을 변화시킨다.
⑤ 상황을 해석하는 능력을 향상시키고 적절한 반응을 할 수 있도록 장려한다.
⑥ 다양한 상황에 적용할 수 있는 운동 기능을 발전시키고 폐쇄적인 활동 모델은 되도록 피한다.

다양한 형태의 연습으로 구성된 트레이닝 부하

트레이닝 부하의 지향점은 컨디셔닝, 조정력 coordination, 인지 트레이닝 구조에 의해 결정된다. 조정력과 인지 기술은 어떤 동작을 실행할 때에도 동시에 발생하기 때문에 이 두 가지 능력과 무관하게 트레이닝의 질적인 부분들을 최적화하는 것은 불가능하다. 트레이닝 부하의 종류는 일반적인 수준에서부터 컨디션과 관련되거나 인지력 혹은 조정력과 관련된 목표, 그리고 실제 경기에 필요한 수준에 이르기까지 4단계로 나눌 수 있다. 연습의 구성은 다음 기준에 따라 적용할 수 있다.

① 일반 연습(general practices)
- 종목별로 일반 연습은 근력, 스피드 혹은 지구력 같은 기초 체력 요인에 관한 것이다.
- 일반 연습은 종목별 특징과 크게 관련이 없으며, 일반 연습의 목표는 동작을 수행하기 위한 기본적인 수준의 능력을 기르는 것이다.
- 일반 연습에는 상황 판단 decision-making 능력이 요구되는 형태의 트레이닝은 없다.

② 지정 연습(directed practices)
- 어떤 종목에서 이동 구조와 관련하여 반드시 발달시켜야 하는 특정 포지션에 집중한다.
- 트레이닝 부하는 실제 경기 중에 발생하는 정도와 비슷하게 한다. 또한 종목별로 필요한 특정한 조정력과 일반적인 상황 판단 능력에 대한 부분을 포함시킨다.
- 예를 들면 점프 동작, 저항성 동작, 달리기 또는 슈팅과 같이 근력과 관련 있는 요소들에 볼을 추가하여 실시하는 기술적 서킷 technical circuit 훈련이 있다.

③ 특별 연습(special practices)
- 경기 자체가 곧 트레이닝의 주된 구성 요소로 활용되고 연습의 목표가 된다. 이때 트레이닝의 부하는 실제 경기 때와 유사하게 실시하며, 실제 경기 중에 일어나는 상황 판단 과정이 포함되어야 한다.

- 특별 연습은 각 선수의 기술적·전술적 수준을 최적화한다.
- 세 명의 중립 역할 neutral player 선수가 포함된 4대4 경기를 예로 들 수 있다.

  * 중립 역할 : 언제나 볼을 가진 팀의 공격에 합류하는 역할

④ 경쟁 연습(competitive practices)
- 경기 중 일어나는 상황과 거의 유사하거나 경기보다 높은 수준으로 연습한다.
- 예를 들어, 특정 포지션이나 역할을 설정한 특별한 전술적 규칙을 적용한 8대8(GK 포함) 혹은 11대8 경기의 연습 방법이 경쟁 연습의 대표적 예이다.

주 단위의 단주기 형태

트레이닝 계획의 주요 구성 단위는 구조화된 주 단위 training week 의 단주기이다. 트레이닝 주간은 목표나 시즌의 단계 등에 따라 다양하게 변화를 준다. 다섯 가지의 단주기 형태는 다음과 같다.

① 준비기의 단주기(Preparatory micro-cycle) : 휴식기와 프리시즌의 시작
- 준비기의 단주기는 일반적으로 시즌 간의 휴식기에 적용한다.
- 주로 일반 연습들로 이루어지지만 프리시즌이 시작되면 일반 연습과 지정 연습 시간을 변형해 특별 연습과 복합적으로 실시한다.
- 크로스컨트리나 수영 같은 일반적인 운동은 철저히 배제한다.

② 지정된 변형 단주기(Directed transformation micro-cycle) :
프리시즌 2주차의 시작
- 2주차 프리시즌 때부터 본 시즌 시작 전까지 특별/지정 연습의 단주기이다.
- 높은 수준을 지닌 프로 선수들의 경우, 철저한 관리로 근육의 기능과 생리학적 적응 현상이 대체로 잘 유지된다. 그러므로 최대 근력이나 아주 장시간 지속적으로 요구되는 지구력 등과 같이 축구 경기에 직접 적용하기 어려운 일반 훈련에 집착하거나 포괄적인 연습 방법에 집중할 필요는 없다.
- 가능한 한 빨리 뛰어난 체력 수준에 도달해야 하고 시즌 전반에 걸쳐서 이를 유지할 수 있도록 노력한다.

③ 특별 변형 단주기(Special transformation micro-cycle) : 경기 시즌
- 특별 연습과 지정 연습이 주로 이루어진다.
- 이러한 형태의 단주기는 경기 시즌 내내 이루어진다.

④ 유지형 단주기(Maintenance micro-cycle) : 경기 시즌
- 특별 연습과 지정 연습을 시즌 경기 일정과 균형을 이루어 실시한다.
- 이러한 형태의 단주기 또한 경기 시즌 내내 이루어진다.

⑤ 경쟁적 단주기(Competitive micro-cycle) : 중요한 경기 또는 경기 수가 많은 경우
- 특별 연습과 경쟁 연습이 주를 이룬다.
- 이러한 형태의 주기는 팀이 매우 중요한 경기를 앞두고 있거나 경기 일정이 많은 주간에 활용된다.

5) 베르하이엔의 6주 주기화 모델

2003년 레이먼드 베르하이엔Raymond Verheijen은 축구 주기화의 요구에 맞춰 특별히 개발한 6주 주기화 트레이닝 모델을 발표하였다. 이 모델은 규칙적인 간격으로 반복되는 6주간의 주기를 기본으로 활용한다. 또한 훈련 강도가 적절하게 높게 유지된다면 전술적 세션tactical sessions이 체력 세션physical sessions도 될 수 있다는 원리를 기초로 한다.

이 모델은 트레이닝 강도를 조절하는 데 있어 코치의 역할이 매우 중요하다. 이 모델의 경우, 트레이닝 중에는 과부하가 자주 발생하지 않기 때문에 코치는 훈련의 강도가 떨어지지 않도록 주의해야 한다. 코치는 모든 선수들이 팀의 플레이 스타일 내에서 그들에게 요구되는 것들을 정확히 수행하도록 지시해야 한다. 특히 선수들이 지치고 훈련이 종료되어 가는 시점에 코치는 선수들에게 선수로서 해야 하는 의무에 집중하도록 지속적으로 상기시켜 주어야 한다.

트레이닝 세션의 목적이 체력에 초점이 맞춰져 있다면 트레이닝의 강도는 계속해서 높게 유지되어야 한다. 비록 전술 세션 같은 종류의 연습이 진행되더라도 강도를 계속해서 높게 유지하기 위해서 플레이 도중 멈추는 시간이 없도록 진행한다. 결과적으로 전술 트레이닝 세션은 체력 트레이닝 세션이 되는 것이다. 선수들은 전술 트레이닝 세션 중 플레이에 대해 계속해서 지시를 받고, 경기 사이의 휴식 시간은 코칭을 하는 목적으로 사용한다.

6주 주기화 모델의 두 가지 중요한 목적은 다음과 같다.

- 플레이 속도 유지하기 : "신속한 회복 quick recovery 을 유지"하고 "폭발력 explosiveness 을 유지"함으로써 경기 속도를 계속 유지한다.
- 플레이 속도 증가시키기 : "신속한 회복을 최대화"하고 "폭발력을 최대화"함으로써 경기 속도를 증가시킨다.

(1) 플레이 속도 유지하기

체력 요소 향상의 관점에서 볼 때, 중요한 목표는 경기 속도를 유지하는 선수들의 능력을 기르는 것이다. 프로 선수들은 그들의 체력 덕분에 일반적으로 경기 시작부터 상대 선수들을 압박할 수 있다. 하지만 후반전에서는 종종 경기의 강도가 급격하게 떨어진다. 경기 막판으로 갈수록 움직이는 동작의 양과 질 또한 감소하는 것이다. 선수들이 폭발적으로 달리는 동작을 자주 반복할 수 없게 되면 경기 속도는 필연적으로 떨어질 수밖에 없다.

경기 속도를 유지하기 위해 선수들은 후반전에서도 잦은 움직임(동작 간의 '신속한 회복')과 폭발적인 움직임(동작 중의 '폭발력')을 만들 수 있어야 한다.

생리학적 관점에서 후반전 30분 후부터는 동작 간의 회복 속도를 유지하는 것이 쉽지 않다. 경기 후반에는 단순한 회복을 위해서도 전반전보다 동작 간의 회복에 더 많은 시간이 필요하다. 또한 움직임의 폭발력도 유지하기가 어렵다. 만약 경기가 연장전으로 이어지게 되면 경기 후반부에 경기 속도를 유지하는 능력은 특별히 더 중요해진다.

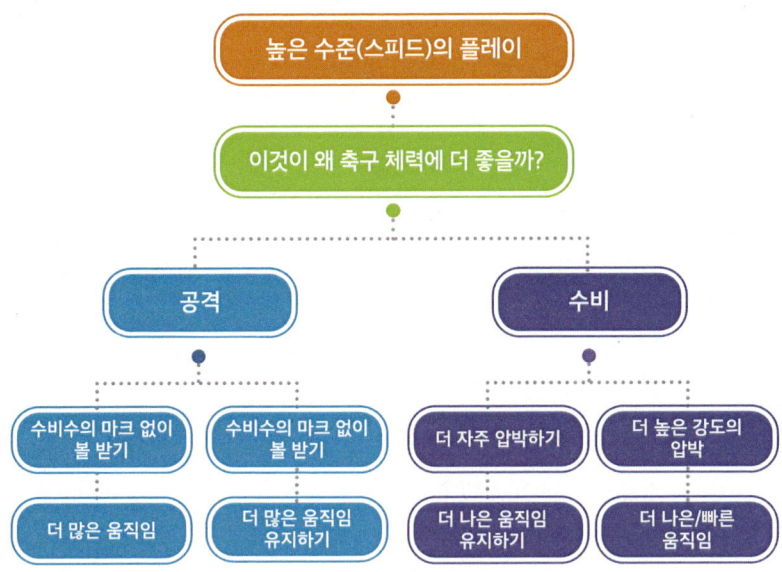

그림 3-4 보다 빠른 경기 속도 = 보다 높은 수준의 활동

〈그림 3-4〉는 보다 빠른 경기 속도가 보다 높은 수준의 선수들의 활동과 연계되어 축구 경기의 공격과 수비 상황에서 유리하다는 것을 나타낸 것이다.

'빠른 회복'을 유지하기 위한 트레이닝 방법
이 트레이닝 방법의 목적은 동작 간의 회복 속도를 빠르게 하는 것이다.

【많은 양의 지구력 트레이닝(extensive endurance training) 예시】
- 11대 11 게임을 10분씩 3~9회 실시한다.
- 게임 간에는 2분의 휴식 시간을 갖는다.

【집중적 지구력 트레이닝(intensive endurance training) 예시】
- 7대 7 게임을 8분씩 5~9회 실시한다.
- 게임 간에는 2분의 휴식 시간을 갖는다.

'폭발력'을 유지하기 위한 트레이닝 방법
이 트레이닝 방법의 목적은 동작의 폭발력을 향상시키는 것이다.

【반복적인 단거리 스프린트】
- 2명이 경쟁적으로 15m 스프린트를 하고 골을 넣으며 마무리하는 것을 6~10회 반복하는 것을 1세트로 하여 2~4세트 실시한다.
- 각 스프린트 간 10초의 휴식 시간을 갖는다.
- 각 세트 간 4분의 휴식 시간을 갖는다.

(2) 플레이 속도 증가시키기

선수들이 더 자주 폭발적인 달리기 동작을 할 수 있을 때, 경기의 속도는 증가한다. 생리학적 관점에서 경기 속도가 빨라진다는 것은 선수들이 동작 간에 더 빠른 회복이 가능하다는 것이다. 즉, 폭발적인 달리기 동작 이후에 더 빠르게 호흡을 조정할 수 있다는 뜻이다. 또한 더 빠른 경기란 선수들이 더 높은 수준의 폭발력을 발휘할 수 있다는 것을 의미한다. 경기 속도를 증가시키기 위해 선수들은 더 빈번하게 동작을 수행할 수 있어야 하고 더 폭발적인 동작을 해야 한다.

최대한의 신속한 회복을 위한 트레이닝 방법

【많은 양의 인터벌 트레이닝 예시】
- 3분간의 3v3 게임을 6~10회, 2세트 실시한다.
- 게임 간 1~3분의 휴식 시간을 갖는다.
- 세트 간 4분의 휴식 시간을 갖는다.

폭발력을 최대화하기 위한 트레이닝 방법

【스프린팅 속도 트레이닝 예시】
- 두 명이 경쟁적으로 5m 스프린트를 하고 골을 넣으며 마무리하는 것을 8~10회 반복하는 것을 1세트로 하여 2~4세트 실시한다.
- 스프린트 간 30초의 휴식 시간을 갖는다.
- 각 세트 간 4분의 휴식 시간을 갖는다.

(3) 축구 전문 체력 향상 트레이닝 방법

〈그림 3-5〉는 회복 시간과 폭발력의 최대화와 유지를 위한 트레이닝 방법과 축구 전문 체력을 향상시키는 방법을 나타낸 것이다 (Bordonau & Villanueva, 2018).

인산염 Phosphate 은 체내 생화학적 에너지의 기본이 되는 무기화합물질이다. 인산염이 없으면 피로와 무력감을 느낄 수 있다. 트레이닝은 인산염 수준을 올리고 재충전하는 데 도움을 주어 결과적으로 힘과 체력을 강화할 수 있다. 아데노신 3인산 ATP: Adenosine Triphosphate 은 근육을 수축하는 힘을 내는 데 필요한 에너지원이다.

초과보상 supercompensation 은 회복기 후에 트레이닝 시작 전보다 더 높은 운동수행능력을 획득하기 위한 시간이다. 〈그림 3-5〉에

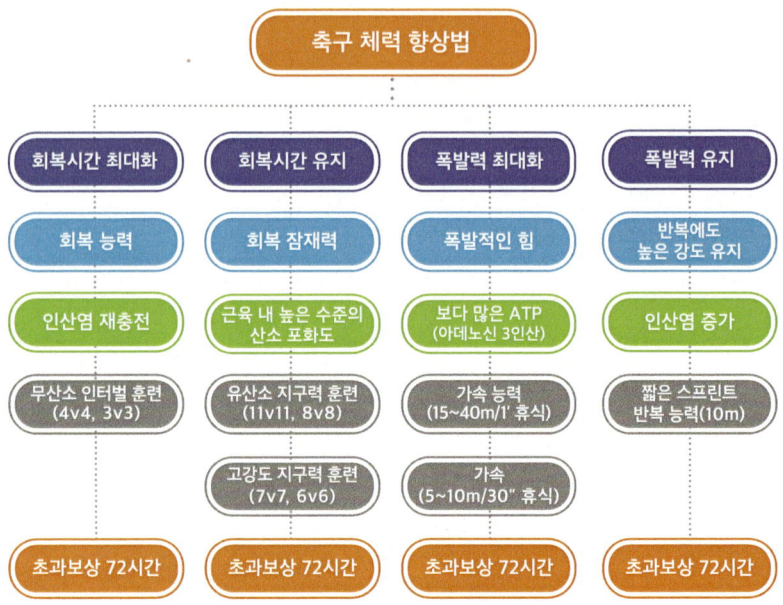

그림 3-5 축구 전문 체력 향상 트레이닝 방법

나타낸 것처럼 초과보상은 72시간의 회복기 이후에 이루어진다.

베르하이엔의 주기화 모델은 규칙적인 간격으로 반복되는 6주 트레이닝 주기에 따라 진행된다. 따라서 프리시즌 기간이 마지막 6주 주기가 되는 것이 가장 이상적이다. 프리시즌이 짧을 경우, 준비 주기는 시즌 트레이닝 기간에 포함되어야 한다. 이와 유사하게 만일 수요일에 경기가 있어 특정 주간에 체력적 목표에 이를 수 없다면, 해결책은 트레이닝 주간을 주기 내에서 옮기는 것이다. 예를 들어, 만일 세 번째 주간 트레이닝 적용이 어렵다면 1주 후에 실행하는 것이다.

준비기의 트레이닝 효과는 6주마다 기록해야 한다. 이것은 각 주기마다 축구에 특화된 훈련을 점진적 과부하의 원리를 적용할 때 매우 중요하다. 그러므로 6주간의 기간에 맞게 축구 시즌의 블록을 만들어 가야 한다. 〈그림 3-6〉은 프로축구 시즌에 맞춘 6주 단위의 주기화 트레이닝 방법이다(Jankowski, 2016).

1	2	3	4	5	6	7	8	9	10	11	12	13	14	15	16	17	18	19	20	21	22	23	24
준비 단계 1						준비 단계 2						경기 단계											
사이클 1						사이클 2						사이클 3						사이클 4					
SF 11-on-11 8-on-8		SF 7-on-7 5-on-5		SF 4-on-4 3-on-3		SF 11-on-11 8-on-8		SF 7-on-7 5-on-5		SF 4-on-4 3-on-3		SF 11-on-11 8-on-8		SF 7-on-7 5-on-5		SF 4-on-4 3-on-3		SF 11-on-11 8-on-8		SF 7-on-7 5-on-5		SF 4-on-4 3-on-3	
PFS 80× 40m		PFS 60× 30m		PFS 30×15m		선수 1인당 10 x 15 m																	

SF : Soccer Field (축구장), **PFS** : Playing Field Size (경기장 규격)

정규 리그 시즌 1주기 동안 계획된 축구 체력 훈련 예시

1주	2주	3주	4주	5주	6주
SF 11-on-11 8-on-8		SF 7-on-7 5-on-5		SF 4-on-4 3-on-3	
80×40m		60×30m		30×15m	
4× 8~10 min		6× 3~4 min		10× 1~2 min	

그림 3-6 베르하이옌의 축구 전문 체력 준비를 위한 6주 주기화 모델

6) 청소년팀의 6주 주기화 트레이닝 모델

6주 주기화 트레이닝 모델은 국가대표팀 피지컬 코치로 활동하고 있는 이재홍 코치가 그동안의 현장 경험과 스포츠과학을 기반으로 청소년팀 지도 현장에서 활용할 수 있는 트레이닝 모델을 정리한 자료이다. 이 장에서 사용하는 주요 용어의 정의는 아래와 같다.

- 6주 주기화 트레이닝 모델 : 6주 주기화 트레이닝 모델이란 트레이닝, 영양, 회복 가운데 영양, 회복 부분은 제외하고 트레이닝에 초점을 맞춰서 SSG Small Sided Game, MSG Medium Sided Game, BSG Big Sided Game 경기 형태의 트레이닝을 통해 6주간 점진적으로 트레이닝의 강도를 높이는 것을 말한다. 기본적으로 1~2주차의 목적은 BSG(8v8, 9v9, 10v10, 11v11 등)을 통한 유산소성 능력의 향상이고, 3~4주차의 목적은 MSG을 통한 유·무산소성 능력의 향상이다. 5~6주차의 목적은 SSG을 통한 무산소성 능력 향상과 더불어 테이퍼링 tapering의 역할을 하는 것이다. 이때 6주를 하나의 사이클로 정의하였다.

- SSG(Small Sided Game) : 경기 형태의 트레이닝 방식으로 골키퍼를 포함해 3v3, 4v4를 SSG으로 정의하였다. 필드 선수 한 명당 10×6m를 기준으로 피치 사이즈를 설정하였다. 3v3(20×12m), 4v4(30 x 18m).

- MSG(Medium Sided Game) : 경기 형태의 트레이닝 방식으로 골키퍼를 포함해 5v5, 6v6, 7v7을 MSG로 정의하였다. 필드 선수 한 명당 10 × 6m를 기준으로 피치 사이즈를 설정하였다. 5v5(40 x 24m), 6v6(50 x 30m), 7v7(60 x 36m).

- BSG(Big Sided Game) : 경기 형태의 트레이닝 방식으로 골키퍼를 포함해 8v8, 9v9, 10v10, 11v11을 BSG로 정의하였다. 필드 선수 한 명당 10 × 6m를 기준으로 피치 사이즈를 설정하였다. 8v8(70 x 42m), 9v9(80 x 48m), 10v10(90 x 54m), 11v11(100 x 60m).

- 오버로드 모델(Overload Model) : SSG, MSG, BSG 등을 실행할 때 100%의 강도를 말한다.

- 언더로드 모델(Underload Model) : SSG, MSG, BSG 등을 실행할 때 50%의 강도를 말한다.

(1) 주말 리그의 정착화(주기화 모델의 점진적인 적용)

국내 초·중·고등학교의 축구 대회는 2009년 전까지는 모두 리그 형식이 아닌 단기 토너먼트 대회 형식으로 치러졌다. 이러한 단기 토너먼트 대회는 하나의 대회를 준비하기 위한 주기화 모델로 접근하는 것에는 이점이 있지만, 시즌을 전체적으로 이끌어가면서 점진적 플레이 스타일의 발전과 체력적 발전을 도모하기에는 한계가 있었다. 하지만 2009년부터는 '전국 초중고 리그'라는 타이틀로 한국의 초·중·고등학교의 축구 대회는 전면적으로 주말 리그제로 전환되었다. 주말 리그제를 실시하며 기본적으로 매주 1회(토요일) 리그 경기를 펼치는 스케줄로 '일관적인 일주일 스케줄'이 특징이다. 이에 따라 축구팀의 일주일 스케줄이 기본적으로 적용되는 큰 변화가 나타났다.

주말 리그 제도는 "Play, Enjoy, Study"라는 슬로건 아래 기본적으로 학업을 우선적으로 해 "공부하는 선수"를 육성한다는 모토를 가지고 있으며, 선수로서 성공하기 쉽지 않은 현실적 여건을 고려해 수업에 참여하여 학생의 기본인 공부를 하면서 축구를 한다는 기본 방침을 가지고 있다(전경선, 2011).

주말 리그를 진행하며 초반에는 시행착오도 많이 겪었으나, 대한민국의 축구 지도자들과 축구선수들은 주말 리그 제도에 적응해 나가고 있는 추세이다. 초·중·고등학교의 대회 운영 방식이 2009년부터 주말 리그 제도로 전환되면서 경기(MD : Match Day)는 주로 토요일(주말)에 열리고 있다. 또한 시즌 중 토너먼트는 기본적으로 3회 실시하고 있으며, 동계 토너먼트 대회 1회(1~2월), 시즌 중 토너먼트 1회(5~6월), 하계 토너먼트 대회 1회(7~8월)가 열린다.

한편 주말 리그 제도에서는 대체로 많은 팀이 시즌 중 일주일 스케줄에서 월·화·수·목·금요일까지 5일(MD-5 / MD-4 / MD-3 / MD-2 / MD-1)은 트레이닝을 실시하는 데 시간을 할애하고, 일요일 하루(MD+1)는 휴식을 취하는 패턴을 유지하고 있다. 주말 리그는 기본적으로 매년 3월에 시즌을 시작해 10월까지 약 7개월간 진행된다(대한축구협회, 2021).

따라서 초·중·고등학교 팀들의 스케줄은 대체로 1~2월에 동계 훈련 및 동계 토너먼트 대회 1회 참가, 3~6월에 주말 리그 전반기 및 시즌 중 토너먼트 대회 1회 참가, 7~8월에 하계 토너먼트 대회 1회 참가, 8~10월은 주말 리그 후반기, 11~12월은 휴식기 및 동계훈련 준비 시기로 구분할 수 있다(표 3-1). 이 중에서도 주말 리그는 전반기 (3~6월)와 후반기(9~10월) 6~7개월간 지속적으로 진행된다.

표 3-1 한국 초·중·고등학교 축구팀의 연간 기본 스케줄

1월	2월	3월	4월	5월	6월	7월	8월	9월	10월	11월	12월
동계훈련 / 동계 토너먼트 대회		주말 리그 전반기 진행 / 토너먼트 대회 1회				하계 토너먼트 대회 1회		주말 리그 후반기 진행		휴식기/ 동계훈련	

팀마다 스케줄의 차이는 있겠지만, 대체로 초·중·고등학교 팀들은 매주 주말 경기를 위해서 약 5일의 준비 기간을 갖는다. 특이사항으로는 '상위 학급 진학'이라는 변수로 인해 주로 수요일에 상위 학교 팀(초등 고학년 vs 중등 저학년 / 중등 고학년 vs 고등 저학년 / 고등 고학년 vs 대학생 등)과 연습경기를 한다. 강도Intensity라는 측면에서는 상위 학교 팀과의 경기는 경기의 스피드(템포)와 체격적 부딪힘이라는 부분이 있기 때문에 체력 향상을 도모할 수 있는 중요한 시간이기도 하다. 반면 이러한 상위 학교 팀과의 경기 후 적절한 회복이 이뤄지지 않으면 장기적인 측면에서 선수의 체력적 성장을 기대하기가 쉽지 않으며, 부상의 위험성 역시 증가할 가능성이 있다.

표 3-2 한국 초·중·고등학교 축구팀의 일주일간의 기본적인 주기화 모델

일 (MD+1)	월 (MD+2/ MD-5)	화 (MD-4)	수 (MD-3)	목 (MD-2)	금 (MD-1)	토 (Match Day)
휴식	훈련	훈련	연습경기	훈련	훈련	경기

한국에서 축구를 하는 대부분의 어린 유·청소년들은 축구선수로서 국가대표 선수, 프로 선수가 되고자 하는 꿈을 가지고 매 순간 트레이닝에 정진하고 있다. 국가대표 선수와 프로축구 선수가 되기 위해서는 유소년 시기부터 청소년 시기, 그리고 성인이 되기까지 체격 향상을 위한 근력 트레이닝도 중요하지만, 근력 트레이닝을 통한 체격 향상과 더불어 '경기의 속도'라는 체력적인 부분을 체계적이고 점진적으로 잘 준비해야만 성인 무대에 진출했을 때 좀 더 수월하게 경기의 스피드에 적응할 수 있다.

이러한 경기의 속도는 축구 경기 자체에서 발휘되는 능력으로, 적절한 주기화 모델을 활용해 트레이닝과 영양 섭취, 그리고 적절한 회복이 잘 이루어져야만 부상 위험성도 감소하고 체력적인 부분 역시 발전할 가능성이 높다. 더욱이 동계훈련 때만 집중적인 체력훈련을 통해 체력의 급진적인 향상을 꾀하기보다는 시즌 중에도 점진적으로 강도를 높여 체력 향상이 이루어질 수 있는 주기화 모델을 적용하는 것이 필요하다.

(2) 더 높은 수준의 경기 스피드와 체력적인 부분의 관계

유럽의 축구 선진국들에서는 18세를 기점으로 프로 선수로 계약을 하는 경향이 있는데, 프로 수준의 경기 스피드에 적응할 수 있는 체력적인 부분이 잘 갖춰져 있다. 특히 축구 선진국들에서는 유소년·청소년기인 15세, 18세 팀을 거치면서 경기 형태의 고강도 트레이닝을 통해 체력적인 부분이 점진적으로 향상되고 프로 수준의 경기 속도에 적응되어서인지 18세에 프로 선수로 계약하여 뛰어난 활약을 펼치는 선수를 많이 볼 수 있다.

하지만 한국에서 고등학교를 졸업한 선수가 바로 프로팀에 진출하는 것은 쉽지 않다. 설령 프로팀에 진출하더라도 고등학교 때에 비해 훨씬 빨라진 경기 속도에 적응할 수 있는 체력적인 부분이 잘 준비되어 있지 못하다. 따라서 축구 선진국들의 18세 선수들과 비교했을 때, K리그에서 프로 선수로 데뷔하는 한국의 18세 신인 선수들은 두각을 나타내는 경우가 드문 것이 현실이다. 이는 결국 체력적인 부분이 잘 준비되어 있지 못하다는 것을 의미한다.

K리그에서 유럽으로 진출하는 성인 선수들 역시 처음 유럽에 진출해 경기에 출전했을 때 가장 힘들어하는 부분이 바로 경기 속도에 적응해야 하는 체력적인 부분과 그에 따른 고강도 트레이닝으로 인한 부상 위험성이 증가한다는 것이다.

따라서 성인 선수가 되기 전 고등학교 레벨에서부터 보다 빠른 경기 속도에 적응할 수 있도록 동계훈련 시기 집중적인 체력훈련을 하는 형태의 전통적인 주기화 모델 방법보다는 시즌 중에도 점진적으로 강도를 높여 나가는 것이 필요하다. 즉, 축구 전문 주기화 모델을 적용한 경기 형태의 SSG(3v3~4v4), MSG(5v5~7v7), BSG(8v8~11v11)을 통해 체력적인 부분을 시즌 중에도 점진적으로 향상시키는 것이 선수들의 체력·기술·전술 발전 및 부상 방지 등 모든 부분에서 긍정적인 영향을 줄 것으로 판단된다.

(3) 6주 주기화 트레이닝 모델

6주 주기화 트레이닝 모델6 Week Periodization Training Model은 지난 2003년 레이몬드 베르하이엔이 개발하였다. 6주 주기화 트레이닝 모델에서 기본이 되는 이론은 '액션 이론Action Theory'과 '풋볼 액션 이론Football Action Theory'이다.

액션 이론

액션 이론이란 인체 내에 있는 모든 것을 피지컬이라는 개념으로 접근하는 이론이다. 예를 들어 사람의 머리 안에는 뇌brain가 있는데, 인간은 뇌를 통해 생각을 한다. 따라서 액션 이론에서 뇌는 인간의 몸속에 위치해 있고 심장·폐·근육·뼈 등과 같이 인체 구조물이기 때문에 멘탈이라는 심리학적 용어를 사용하기보다는 생리학적으로 접근하는 것이 적절하다고 주장한다. 예를 들어 "의자에 앉고 싶은데 의자가 없다면? 숨을 쉬고 싶은데 공기가 없다면?" 인체는 거기에 반응을 할 수가 없다. 따라서 액션 이론은 축구에 접목시킬 수 있는 최적의 이론이라 할 수 있다. 왜냐하면 축구는 잔디 상태, 볼 상태, 날씨 상태, 특히 상대 선수들과의 상호 작용이 끊임없이 일어나는 스포츠이기 때문이다.

풋볼 액션 이론

액션 이론 측면에서 바라볼 때, 풋볼 액션 이론은 액션의 연속적인 결과물이다. 패싱이란 패싱을 하는 선수, 볼, 패싱을 받을 팀 동료, 그리고 패싱을 방해하는 상대 팀 선수와의 사이에 이뤄지는 상호 작용이라 할 수 있고, 공간 창출이란 선수가 상대 팀 선수들 사이 공간을 잘 찾아 들어가는 것으로 이 또한 결국 상호 작용이다(그림 3-7). 따라서 축구 트레이닝을 할 때에는 이러한 '상호 작용 효과Interaction effect'가 지속적으로 발현될 수 있도록 디자인해야 한다.

그림 3-7 풋볼 액션의 대체적인 구성 요소(Raymond Verhijen, 2014)
축구 경기에서 관찰되는 모든 액션을 '풋볼 액션'이라 한다.

이러한 상호 작용 효과가 지속적으로 나타나기 위해서는 트레이닝을 계획할 때 상대방 선수를 두고 실시하는 경기 형태의 트레이닝이 적절하다. 다양한 형태의 Small Sided Game(SSG), Medium Sided Game(MSG), Big Sided Game(BSG)을 실행한다면 이러한 풋볼 액션 이론에 근거한, 축구에서 관찰되는 모든 액션이 발휘될 수 있다.

축구라는 종목은 90분, 더 나아가 120분까지 폭발적인 풋볼 액션을 유지할 수 있는 체력적인 준비가 중요하다(그림 3-8).

따라서 풋볼 액션 이론에 기초해 트레이닝을 디자인하는 것이 축구 경기에서의 체력적 준비 및 풋볼 액션 모두를 발전시키는 최상의 선택이다.

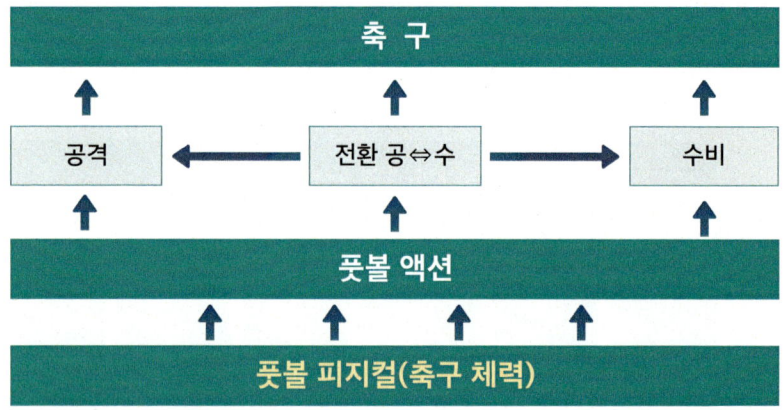

그림 3-8 축구를 구성하는 네 가지 상황(공격, 공→수 전환, 수비, 수→공 전환)과 풋볼 액션 및 풋볼 피지컬(축구 체력)의 관계

강팀과 약팀의 풋볼 액션 차이점

강팀과 약팀의 차이점은 폭발적인 풋볼 액션의 퀄리티quality가 뛰어난가 그렇지 않은가와, 폭발적인 풋볼 액션의 퀄리티를 경기 끝까지 유지할 수 있느냐 없느냐에 있다(그림 3-9).

공격 상황을 예로 들면 폭발적인 침투, 폭발적인 드리블, 정확한 크로스, 정확한 슈팅 마무리 등을 경기 끝까지 할 수 있느냐 없느냐이다. 반대로 수비 상황을 예로 들면 폭발적인 프레싱, 폭발적인 점프 헤딩, 폭발적인 태클 등을 경기 끝까지 유지할 수 있느냐 없느냐이다.

전환 상황을 예로 들면 공격에서 수비로 전환될 때 신속하게 팀의 정해진 조직적 위치로 돌아올 수 있느냐이다. 또한 수비에서 공격으로 전환될 때에는 득점을 할 수 있는 위치인 PTA Prime Target Area로 얼마나 신속하게 뛰어가서 득점을 위한 적절한 포지셔닝을 할 수 있느냐 없느냐이다.

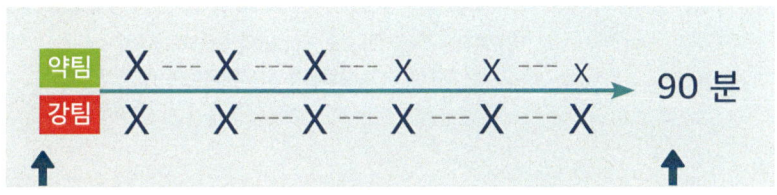

그림 3-9 강팀과 약팀의 차이(공격·수비·전환 상황 모두 포함)

풋볼 액션과 축구의 연관성

풋볼 액션이란 축구 경기에서 관찰되는 모든 유형의 액션을 말한다. 축구 경기 상황에서의 풋볼 액션은 폭발적으로 발휘될 수 있어야 하고, 유연하게 발휘될 수도 있어야 한다. 축구라는 맥락에서 이러한 풋볼 액션이 적절하게 발휘되어야 한다는 것이다.

풋볼 액션은 축구라는 맥락에서 네 가지 상황으로 다시 나눌 수 있다(그림 3-10).

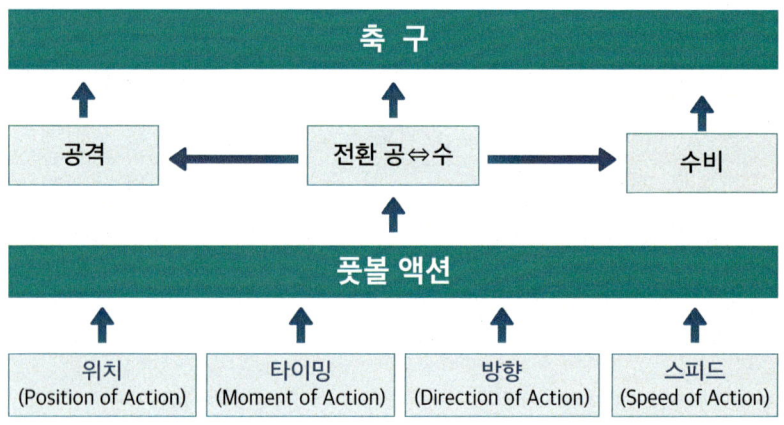

그림 3-10 풋볼 액션의 네 가지 세부적 사항
축구라는 맥락에서 트레이닝은 디자인되어야 한다.

가. 액션의 위치

액션의 위치란 기본적으로 동일한 스피드의 선수 두 명이 다음 〈그림 3-11〉에서와 같이 직선 스프린트를 한다고 가정했을 때, 스타팅 포인트starting point가 다르다면 A 선수보다는 B 선수가 좀 더 앞

그림 3-11 스타팅 포인트
두 선수의 스피드가 동일하다면 스타팅 포인트의 위치에 따라 앞선 선수가
당연히 결승선에 먼저 도착할 수밖에 없다.

에 위치하고 있기 때문에 결승선에 먼저 도착할 수 있을 것이다. 다만 축구 경기에서는 우리 팀 선수는 물론 상대 팀 선수의 위치도 고려한 상황 인식을 한 후 액션을 취해야 한다.

이처럼 축구는 상황 인식을 한 후 적절한 위치에서 액션을 취할 수 있어야 한다. 액션의 위치를 축구라는 맥락에서 설명하면, 볼을 받는 위치라고 간략하게 설명할 수 있다.

한편 〈그림 3-12〉에서 확인할 수 있는 것처럼, A 상황과 B 상황을 비교하면 포워드가 볼을 받는 위치가 A라는 위치와 B라는 위치 차이가 있다. B라는 위치에서 볼을 받을 경우 상대 팀 수비수가 있을지라도 터치 한 번에 슈팅으로까지 이어갈 확률이 높지만, A라는 위치에서 볼을 받을 경우에는 수비수들이 프레싱을 가할 수 있는 사정거리에 있기 때문에 바로 슈팅으로 이어가기 어려워 또다시 2차적으로 드리블 돌파를 한 후 슈팅을 시도해야 한다.

따라서 단 2~3m의 액션 위치 차이에 따라 보다 신속하고 효율적인 2차 액션으로 진행할 수 있다.

그림 3-12 액션의 위치
사소한 위치 선정에서 간결한 터치 후 슈팅으로 이어질 수 있느냐 없느냐가 판가름난다.

나. 액션의 타이밍

액션의 타이밍이란 적절한 타이밍에 이동할 수 있는 능력이라고 할 수 있다. 〈그림 3-13〉은 붉은색 팀이 수비를 하다가 프레싱을 가해 볼을 빼앗았을 때, 전방의 공격수(포워드)와 더불어 주변에 있는 나머지 3명의 선수(공격형 미드필더, 측면 미드필더 2명) 모두가 즉각적으로 공격으로 전환하는 것을 보여 준다.

일반적으로 그 팀의 수준은 '볼을 가진 선수 반대편에 있는 선수들의 전술적 움직임 반응'을 보면 알 수 있다. 볼에서 먼 쪽에 있는 선수 역시 팀의 전술적인 방향과 각자의 포지션에서의 역할 등의 생각이 공유되어야 한다. 이러한 생각의 공유는 팀의 경기 모델(플레이 스타일)에서 매우 중요하다. 경기를 뛰는 열한 명의 베스트 멤버뿐만 아니라 교체 선수로 들어갈 수 있는 모든 선수가 이러한 액션의 타이밍을 인지하고 있어야 팀이 어떠한 상황에 처하더라도 하나의 방향으로 나아가는 데 도움이 된다.

그림 3-13 액션의 타이밍
특히 전환 상황(공→수 / 수→공)에서 많이 관찰되는 상황으로,
팀의 전술적인 부분이며 선수들끼리 생각의 공유가 절대적으로 필요하다.

다. 액션의 방향

액션의 방향이란 시야와 상관이 있다. 다음 <그림 3-14>에서 확인할 수 있듯이, A의 상황과 B의 상황을 비교하면 가운데 미드필더가 볼을 받기 위한 준비 자세에서 A는 몸의 방향이 볼을 향해 서 있다면, B는 몸의 방향이 볼을 향하기보다는 살짝 틀어서 전방 쪽을 대각선으로 향하고 있다. A가 볼 수 있는 시야와 B가 볼 수 있는 시야에서 A보다는 B의 몸의 방향이 전방을 좀 더 미리 볼 수 있기 때문에 전방에 대한 상황 인식을 할 수 있는 가능성이 높다.

그림 3-14 액션의 방향
볼을 중심으로 몸의 방향을 정하기보다는, 최대한 전방을 볼 수 있도록 몸의 방향을 조금 틀어서 시야 확보를 하는 것이 상황 인식에 큰 도움이 된다.

축구 경기에서 득점을 하기 위해서는 PTA로 빠르게 침투하고, 신속하고 정확하게 볼을 보낼 수 있어야 한다. 이와 함께 상대방 수비 조직을 무력화하기 위해서는 신속한 전진 패스가 중요하므로 후방보다는 전방의 시야를 확보하기 위한 액션의 방향이 중요하다. 일선 현장의 감독과 코치들은 선수들을 지도할 때, 이를 '보디 포지션 body position'이라고 표현하기도 한다.

라. 액션의 스피드

액션의 스피드는 볼을 가지고 있을 때의 스피드와 볼을 갖고 있지 않았을 때의 스피드로 나눌 수 있다. 〈그림 3-15〉에서 나타낸 것처럼 톱 클래스의 선수가 되기 위해서는 폭발적인 스피드 가속력과 스피드 변화 능력(방향 전환)을 반드시 갖추고 있어야 한다.

축구라는 스포츠는 앞에서도 말했지만, 우리 팀 동료 및 상대 팀 선수들까지 함께 정해진 규격의 경기장에서 경기를 펼치기 때문에 좁은 공간에서도 보다 빠른 상황 판단을 한 뒤 액션을 취해야 한다. "그것도 아주 부드럽고 폭발적으로".

액션의 위치

액션의 스피드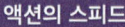

톱 클래스 선수가 되기 위해서는 **폭발적인 스피드 가속력과 스피드 변화 능력이 반드시 필요**하다. 볼을 갖고 있지 않을 때의 액션의 스피드도 중요하지만 볼을 가지고 있을 때 액션의 스피드도 폭발적이어야 한다.

액션의 타이밍

액션의 방향

그림 3-15 액션의 스피드
폭발적인 스피드 가속력, 스피드 변화 능력(방향 전환)이 필수

6주 주기화 트레이닝 모델의 구성과 과정

6주 주기화 트레이닝 모델은 모두 세 개의 블록으로 이뤄져 있으며, 한 블록당 2주를 기본으로 하여 실행한다. 블록 1(1~2주차)은 유산소 능력 향상이 주목적이고, 블록 2(3~4주차)는 유·무산소성 능력 향상이 목적이다. 마지막으로 블록 3(5~6주차)은 무산소성 능력을 향상시키는 것과 더불어 테이퍼링 시기이기도 하다(표 3-3). 시즌을 치르면서도 중간중간 테이퍼링 시간을 가지면서 선수들이 체력적으로 향상될 수 있는 시기를 제공한다는 점이 기존의 전통적인 주기화, 전술 주기화 방법과 다르다.

표 3-3 기본적인 6주 주기화 트레이닝 모델 : 블록 3의 5~6주차는 테이퍼링 시기

블록 1		블록 2		블록 3	
1주	2주	3주	4주	5주	6주
11v11 / 10v10 / 9v9 / 8v8		7v7 / 6v6 / 5v5		4v4 / 3v3	

6주 주기화 트레이닝 모델은 시즌을 치르면서도 체력을 지속적으로 향상시키기 위해 경기 형태의 BSG(11v11~8v8), MSG(7v7~5v5), SSG(4v4~3v3)을 활용하는 축구 전문 주기화 트레이닝 모델 방법으로, 선수들이 '힘든 피지컬 트레이닝을 실시하는구나. 하기 싫다'라는 마음가짐을 가지지 않도록 하는 것이 중요하다. 축구선수들은 육상선수가 아니기 때문에 목적 없이 뛰는 것보다는 축구 트레이닝을 하면서 체력적인 부분과 더불어 기술적·전술적·정신적인 부분까지 동시에 향상시키는 것이 6주 주기화 트레이닝 모델의 궁극적인 목적이다.

포르투갈의 유명한 감독인 조제 무리뉴는 "피아노를 잘 치는 사람은 피아노 주변을 돌면서 뛰지 않는다"고 했다. 피아노를 잘 치기 위해서는 피아노를 치는 능력 향상이 중요한 것처럼, 축구를 잘하는 선수의 트레이닝 역시 축구 트레이닝이 되어야 한다는 말이다. 유럽의 많은 유명한 감독들은 이러한 기준을 갖고 수많은 트레이닝 주기화 방법을 제시했으며, 전 세계의 많은 지도자들 역시 이런 생각으로 팀 트레이닝을 접목시켜 가면서 성과를 거두고 있다. 따라서 우리 역시 축구라는 맥락 안에서 체력적인 부분과 더불어 기술적·전술적·정신적인 부분까지 함께 융합하여 경기력을 높이는 트레이닝 방법을 발전시킬 필요가 있다.

6주 주기화 트레이닝 모델의 기본 원리는 블록 1(1~2주차 : 유산소성 능력 향상)과 블록 2(3~4주차 : 유·무산소성 능력 향상) 그리고 블록 3(5~6주차: 무산소성 능력 향상 & 테이퍼링)을 거치면서 양적 향상(유산소)에서 질적 향상(무산소)으로의 변화를 꾀하는 것이다.

따라서 전체 팀 트레이닝의 양(시간)은 블록 1, 2, 3을 거치며 점차 감소하는 특징을 보이는 데 반해, 전체 팀의 트레이닝 강도는 블록 1, 2, 3을 거치면서 점차 증가하는 경향을 보인다(그림 3-16).

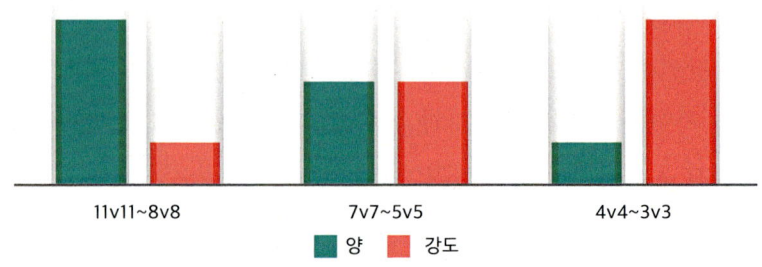

그림 3-16 기본적인 6주 주기화 트레이닝 모델 과정
블록 1, 2, 3을 거치며 트레이닝 양은 감소하는 반면, 강도는 증가한다.

가. 블록 1 (1~2주차 : 유산소성 능력 향상)

6주 주기화 트레이닝 모델에서 블록 1(1~2주차)의 주요 목적은 유산소성 능력의 향상이다. 유산소성 능력은 축구선수로서 갖춰야 할 가장 기본적인 능력으로서, 프리시즌을 시작하는 시기부터 서서히 점진적으로 향상시켜야 하는 부분이다. 유산소성 능력을 향상시키기 위해 기본적으로 6주 주기화 트레이닝 모델은 축구 전문 주기화 모델로 경기와 유사한 형태의 11v11, 10v10, 9v9, 8v8 등 BSG의 트레이닝 방법을 활용한다. 일주일에 1회 오버로드 모델을 통해 트레이닝에 적용하며, 가능하면 코칭은 경기를 진행하는 시간보다는 경기 전, 쉬는 시간, 경기 후에 진행하는 것을 원칙으로 한다. BSG의 트레이닝 단계 적용은 다음 〈표 3-4〉와 같다. 사이클에 따라, 단계에 따라 운동 시간이 점차 증가하고, 그에 따라 전체 트레이닝의 양과 강도가 증가하는 원리이다.

이러한 BSG은 유산소성 능력 향상이 목적이기 때문에 일일 트레이닝을 구성할 때 트레이닝 초반부보다는 워밍업, 패싱, 전술 훈련 등을 한 후 후반부에 실시하는 것이 더 적절하다.

표 3-4 사이클과 단계에 따라 점진적으로 변화하는 BSG 진행 시간과 회복 시간

11v11, 10v10 오버로드 모델						9v9, 8v8 오버로드 모델				
사이클 내 단계		진행시간	회복시간	세트	사이클 내 단계		진행시간	회복시간	세트
사이클 1	1단계	10분	3"00	2세트	사이클 1	1단계	8분	3"00	2세트
	2단계		2"30			2단계		2"30	
사이클 2	3단계	11분	3"00		사이클 2	3단계	9분	3"00	
	4단계		2"30			4단계		2"30	
사이클 3	5단계	12분	3"00		사이클 3	5단계	10분	3"00	
	6단계		2"30			6단계		2"30	
사이클 4	7단계	13분	3"00		사이클 4	7단계	11분	3"00	
	8단계		2"30			8단계		2"30	
사이클 5	9단계	15분	3"00		사이클 5	9단계	11분	2"30	
	10단계		2"30			10단계		2"00	

나. 블록 2(3~4주차 : 유·무산소성 능력 향상)

6주 주기화 트레이닝 모델에서 블록 2(3~4주차)의 주요 목적은 유·무산소성 능력의 향상이다. 블록 1에서 만들어진 유산소성 능력을 기반으로 스피드 지구력을 향상시키는 것에 초점을 맞춘다. 90분간 경기에서의 끊임없는 전환(공격→수비/수비→공격)이 이루지는 상황에서도 선수들은 고강도 달리기HIR : High Intensity Running와 스프린트 능력을 반복적으로 수행할 수 있을 만큼 체력적으로 준비되어 있어야 한다. 스피드 지구력 준비가 소홀하다면 특히 전환 상황에서 조직적인 부분이 흐트러질 수 있다.

이러한 유·무산소성 능력(스피드 지구력)을 향상시키기 위해서 6주 주기화 모델에서는 축구 전문 주기화 모델의 일환으로서 7v7, 6v6, 5v5 등의 MSG 트레이닝 방법을 활용하는 것을 기본으로 한다. 이 역시 BSG과 마찬가지로 기본적으로 일주일에 1회 오버로드 모델을 통해 트레이닝에 접목시켜 적용하며, 코칭 역시 경기를 진행할 때에는 자제하는 것이 좋다.

MSG의 트레이닝 단계 적용은 다음 〈표 3-5〉와 같다. BSG과 유사하게 사이클에 따라, 단계에 따라 운동 시간을 점진적으로 늘리고, 세트 간 회복 시간은 단계가 높아짐에 따라 줄여 나가면서 양과 강도가 증가하는 원리이다.

6주 주기화 모델에서 블록 2(3~4주차)의 주요 목적이 유·무산소성 능력(스피드 지구력)의 향상이기 때문에 이때는 신체적으로나 심리적으로 가장 피로가 많이 축적될 수 있는 시기이다. 따라서 부상률을 감소시키기 위해 워밍업 전 프리워밍업pre-warming up의 일환으로 밴드 트레이닝, 고유수용성 트레이닝, 코어 트레이닝, 폼롤러 등의 보강 운동을 반드시 실시해 부상을 사전에 예방할 수 있도록 한다.

표 3-5 사이클과 단계에 따라 점진적으로 변화하는 MSG 진행 시간과 회복 시간

7v7, 6v6 오버로드 모델					5v5 오버로드 모델				
사이클 내 단계		진행시간	회복시간	세트	사이클 내 단계		진행시간	회복시간	세트
사이클 1	1단계	6분	4"00	3세트	사이클 1	1단계	4분	4"00	3세트
	2단계		3"30			2단계		3"30	
사이클 2	3단계	6분	3"30		사이클 2	3단계	5분	3"30	
	4단계		2"30			4단계		2"30	
사이클 3	5단계	7분	2"30		사이클 3	5단계	5분	2"30	
	6단계		2"00			6단계		2"00	
사이클 4	7단계	7분	2"00		사이클 4	7단계	5분	2"00	
	8단계		1"30			8단계		1"30	
사이클 5	9단계	7분	1"30		사이클 5	9단계	5분	1"30	
	10단계		1"00			10단계		1"00	

다. 블록 3 (5~6주차 : 무산소성 능력 향상 & 테이퍼링)

6주 주기화 트레이닝 모델에서 블록 3(5~6주차)의 주요 목적은 블록 1, 2를 거쳐 향상된 유산소성 능력과 유·무산소성 능력을 기반으로 무산소성 파워 능력을 향상시키는 것과 함께 과부하된 신체와 심리 상태를 회복시키는 테이퍼링이다. 6주 주기화 트레이닝 모델

에서 가장 중요한 블록으로, 선수의 무산소성 파워 능력은 결국 풋볼 액션의 질적인 발전에 가장 큰 영향을 미치기 때문이다. 또한 시즌을 치르는 선수들이 느끼는 신체적·심리적 피로감 역시 많아질 수밖에 없는데, 1년의 시즌을 장기적으로 치러야 하는 선수들이 심리적으로 회복할 수 있도록 해야 하는 시기가 바로 블록 3 시기이다.

무산소성 파워 능력(파워, 스피드)을 향상시키기 위해서 6주 주기화 트레이닝 모델에서는 축구 전문 주기화 모델의 일환으로서 4v4, 3v3 등의 SSG 트레이닝 방법을 기본적으로 활용한다. 이 역시 BSG, MSG과 마찬가지로 일주일에 1회 오버로드 모델을 통해 트레이닝에 접목시켜 적용하며, 코칭 역시 경기를 진행할 때에는 자제하는 것이 좋다. SSG의 트레이닝 단계 적용은 다음 〈표 3-6〉과 같다.

BSG, MSG과는 조금 다르게 사이클에 따라, 단계에 따라 운동 시간은 점진적인 증가가 크게 없으나, 세트 간 회복 시간은 단계가 높아짐에 따라 줄여 나가면서 전체 트레이닝의 강도를 높여 나가는 원리이다. 이러한 형태의 SSG은 BSG, MSG보다 트레이닝의 강도가 아주 높기 때문에 근육에 무리가 갈 확률이 매우 큰 트레이닝 방법이다. 따라서 적절한 워밍업과 워밍업 전 프리워밍업의 일환으로 밴드 트레이닝, 고유수용성 트레이닝, 코어 트레이닝, 폼롤러 등의 보강 운동을 반드시 실시하여 부상을 사전에 예방하는 것이 대단히 중요하다.

표 3-6 사이클과 단계에 따라 점진적으로 변화하는 SSG 진행 시간과 회복 시간

4v4 오버로드 모델					3v3 오버로드 모델				
사이클 내 단계		진행시간	회복시간	세트	사이클 내 단계		진행시간	회복시간	세트
사이클 1	1단계	3분	3"00	4세트	사이클 1	1단계	2분	2"00	4세트
	2단계		3"00			2단계		2"00	
사이클 2	3단계	4분	2"30		사이클 2	3단계	3분	2"00	
	4단계		2"30			4단계		1"30	
사이클 3	5단계	4분	2"00		사이클 3	5단계	3분	1"30	
	6단계		2"00			6단계		1"30	
사이클 4	7단계	4분	1"30		사이클 4	7단계	3분	1"30	
	8단계		1"30			8단계		1"00	
사이클 5	9단계	4분	1"00		사이클 5	9단계	3분	1"00	
	10단계		1"00			10단계		1"00	

3주 주기화 트레이닝 모델과 6주 주기화 트레이닝 모델의 특징과 차이점

    3주 주기화 트레이닝 모델은 대표팀에서 월드컵이나 아시안컵, 올림픽 등의 메이저 대회 토너먼트 대회를 준비하는 과정에서 많이 활용된다(Raymond Verheijen, 2014). 또한 리그를 치르는 프로팀에서도 활용되기도 하는데, 매 블록(블록 1, 블록 2, 블록 3), 매주 강도가 높아지는 경향을 보이는 것이 특징이다(표 3-7). 그 때문에 준비 기간이 짧은 월드컵, 올림픽, 아시안컵, 아시안게임, 청소년 월드컵 등에서는

효율적으로 활용할 수 있는 모델이지만, 대회를 준비하는 기간에 부상자가 발생할 확률이 높아질 수 있다는 단점도 있다.

또한 한 시즌을 치르는 프로팀이나 프로 유스팀에서 3주 주기화 트레이닝 모델을 적용하는 경우, 매주 강도가 높아지는 경향으로 인해 정상 선수들의 훈련 시 부상 위험성이 증가하고, 재활 선수들의 복귀 시 트레이닝 강도에 대한 적응력 감소 등의 문제점이 발생할 수 있다.

표 3-7 3주 주기화 트레이닝 모델

1주	2주	3주
11v11 / 10v10 / 9v9 / 8v8	7v7 / 6v6 / 5v5	4v4 / 3v3

* 매주 유산소성 능력 → 유-무산소성 능력 →무산소성 능력 향상이라는 경향으로 인해 부상 위험성 증가, 재활 선수들의 적응력 감소 등의 문제가 발생할 수 있다.

특히 프로팀은 연령대가 다양한 것이 특징으로 최저 연령은 약 17~19세이며, 최고령 선수는 팀마다 차이가 있을 수 있지만 30대 중·후반에서 40대 초반까지 존재할 수 있다. 젊은 선수들은 3주 주기화 트레이닝 모델에서의 매 블록, 매주 강도가 높아지는 패턴에서도 신체적으로 적응할 수 있지만, 30대 중·후반 선수들은 근육 회복력이 젊은 선수들에 비해 떨어지기 때문에 3주 주기화 트레이닝 모델보다는 6주 주기화 트레이닝 모델을 적용하는 것이 부상자를 줄여 건강한 선수단을 구성할 수 있다는 장점이 있다.

6주 주기화 트레이닝 모델은 블록이 2주 간격으로 구성되어 있기 때문에 대체로 '증가-반복-증가-반복-증가-반복'이라는 패턴으로 진행된다. 따라서 신체적으로도 강도에 적응할 수 있는 시간이 충분한 것이 특징이다.

6주 주기화 트레이닝 모델을 적절히 적용함에도 불구하고 1년의 장기적 시즌을 치르다 보면 부상이 발생할 수밖에 없다. 다만 부상 발생 후 재활 단계에서 다시 팀으로 복귀하는 과정이 아주 중요하다. 팀으로의 복귀 과정 측면에서 3주 주기화 트레이닝 모델은 매 블록, 매주 '증가 → 증가 → 증가' 추세를 보이기 때문에 재활 선수가 팀 훈련에 복귀하여 정상적으로 경기에 투입되는 과정에서 바로 신체가 급격한 과부하에 노출될 수 있다. 반면 6주 주기화 트레이닝 모델에서는 '증가 → 반복 → 증가 → 반복 → 증가 → 반복' 패턴이기 때문에 어떤 블록에서 팀 트레이닝으로 복귀하더라도 신체적으로 트레이닝 강도에 적응할 수 있는 시간적 여유가 있다(표 3-8). 그 결과 전체 팀은 건강한 선수들로 장기간의 시즌을 치러낼 수 있는 확률이 높아진다.

표 3-8 6주 주기화 트레이닝 모델

블록 1		블록 2		블록 3	
1주	2주	3주	4주	5주	6주
11v11 / 10v10 / 9v9 / 8v8		7v7 / 6v6 / 5v5		4v4 / 3v3	

* 블록이 2주 간격으로 구성되어 있어 '증가 → 반복 → 증가 → 반복 → 증가 → 반복' 패턴으로 강도에 적응할 수 있는 시간적 여유가 있다.

오버로드 모델과 언더로드 모델

6주 주기화 트레이닝 모델은 경기 형태의 BSG, MSG, SSG을 통해 기술·체력·전술·정신적 부분까지 동시에 향상시키는 것이 주요 목적으로, BSG, MSG, SSG 모두 각각의 블록 시기에 적절하게 적용해야 한다. 오버로드 모델은 100%의 강도로 경기 형태의 BSG, MSG, SSG을 실시하는 것을 말한다. 장기적인 관점에서 6주 주기화 트레이닝 모델에서는 그다음 블록에서 진행할 오버로드 모델을 신체적·심리적으로 준비하는 과정으로서 언더로드 모델을 적용할 수 있다(표 3-9).

표 3-9 6주 주기화 트레이닝 모델에서 오버로드 모델과 언더로드 모델의 적용

구분	블록 1		블록 2		블록 3	
	1주	2주	3주	4주	5주	6주
오버로드 모델	11v11 / 10v10 / 9v9 / 8v8		7v7 / 6v6 / 5v5		4v4 / 3v3	
언더로드 모델	7v7 / 6v6 / 5v5		4v4 / 3v3		11v11 / 10v10 / 9v9 / 8v8	

언더로드 모델의 기본은 트레이닝을 50%의 강도로 실시한다는 것이다(Raymond Verheijen, 2014). 해당 블록에서 오버로드 모델을 진행할 때, 장기적인 측면에서 그다음 블록에서 진행할 오버로드 모델을 준비하는 단계가 바로 언더로드 모델이다. 언더로드 모델은 50%의 강도로 팀 트레이닝에 적용하며, 생리적인 측면에서는 선수들이 다음 블록에서 진행할 오버로드 모델을 준비하며 신체를 준비

시키는 역할을 한다. 또한 선수들이 그다음 블록에서 어떠한 트레이닝을 진행하는지에 대해 심리적으로 준비를 할 수 있도록 하는 것이 주요 특징이다.

연령대가 높은 선수들과 부상에서 돌아온 선수들은 팀 트레이닝을 진행할 때 오버로드 모델의 BSG, MSG, SSG에 바로 투입하기보다는 언더로드 모델에서 50% 법칙의 BSG, MSG, SSG을 통해 신체를 적응시키고 난 후, 그다음 블록에서 오버로드 모델의 BSG, MSG, SSG에 참여하는 것이 부상 재발률을 줄일 수 있으며, 점진적인 강도의 증가로 신체가 좀 더 안정적으로 적응할 수 있다(표 3-10).

표 3-10 2개의 사이클 내에서의 6주 주기화 트레이닝 모델에서 오버로드 모델과 언더로드 모델의 적용

구분	사이클 1						사이클 2					
	블록 1		블록 2		블록 3		블록 1		블록 2		블록 3	
	1주	2주	3주	4주	5주	6주	1주	2주	3주	4주	5주	6주
4v4 / 3v3	0%	0%	50%	→100%	→100%		0%	0%	50%	→100%	→100%	
7v7 / 6v6 / 5v5	50%	→100%	→100%		0%	0%	50%	→100%	→100%		0%	0%
11v11 / 10v10 / 9v9 / 8v8	100%	100%	0%	0%	50%	→100%		0%	0%		50%	50%

* 붉은색 : 오버로드 모델, 노란색 : 언더로드 모델

언더로드 모델은 두 가지로 나눌 수 있다. 예를 들어 다음 블록에서의 오버로드 모델이 4v4 SSG을 진행시간 4분, 회복시간 2분, 4세트를 실시한다면, 해당 블록에서의 첫 번째 언더로드 모델은 4v4 SSG의 진행시간 4분, 회복시간 2분, 2세트를 실시하는 방법으로, 두 번째는 4v4 SSG의 진행시간 2분, 회복시간 2분, 4세트를 실시하는 방법으로 50%의 법칙을 적용할 수 있다(그림 3-17).

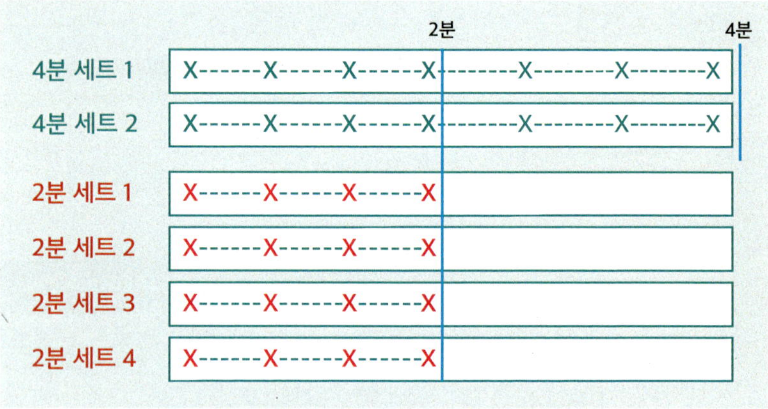

그림 3-17 언더로드 모델의 두 가지 적용 방법

일주일 일정에서의 오버로드 모델과 언더로드 모델의 적용

일주일 일정의 경우, 월(MD-5 : 회복), 화(MD-4 : 전술 + 언더로드 모델), 수(MD-3 : 전술 + 오버로드 모델), 목(MD-2 : 회복 + 전술), 금(MD-1 : 테이퍼링 + 전술)의 과정으로 계획할 수 있다. 프로 유스팀 및 학원 축구팀들은 매주 주말 경기를 하기 때문에 수요일(MD-3)에 상위 연령대 팀(중학교 vs 고등 저학년 / 고등학교 vs 대학팀 혹은 프로팀)과의 경기는 되도록 자제하는 것이 좋다.

표 3-11 일주일 스케줄 예 : 오버로드 모델(100%), 언더로드 모델(50%) 적용 시기

일주일 주간 스케줄 & 오버로드 모델 및 언더로드 모델 적용							
	월	화	수	목	금	토	일
		언더로드 모델 (50% 강도)	오버로드 모델 (100% 강도)				
오버로드 모델 예시 1 (11v11 / 10v10 / 9v9 / 8v8 실행)	회복	7v7 6v6 5v5	11v11 10v10 9v9 8v8	회복+ 전술	테이퍼링 +전술	경기	휴식
오버로드 모델 예시 2 (7v7 / 6v6 / 5v5 실행)		4v4 3v3	7v7 6v6 5v5				
오버로드 모델 예시 3 (4v4 / 3v3 실행)		11v11 10v10 9v9 8v8	4v4 3v3				

그럼에도 불구하고 선수들의 진학을 위해 만약 수요일(MD-3)에 상위 연령대 팀(대학팀 혹은 프로팀)과 경기를 진행해야만 하는 상황이라면 경기 그 자체가 오버로드 모델(100% 강도)이기 때문에 그 주의 화요일(MD-4) 언더로드 모델을 7v7, 6v6, 5v5로 설정하여 실시하고, 수요일(MD-3) 경기는 최대 45분만 출전시키고, 목요일(MD-2)에는 회복 훈련 또는 휴식을 취하는 것이 선수들의 과훈련 상태를 방지하여 부상 발생률을 줄이는 데 도움이 될 것이다(표 3-11).

〈표 3-12〉, 〈표 3-13〉, 〈표 3-14〉는 현장에서 상황에 맞춰 활용할 수 있는 일주일 일정의 트레이닝 계획의 예시이다.

표 3-12 일주일 스케줄 예 1 : 11v11~8v8 오버로드 모델 적용 시 세부적 트레이닝

일주일간 트레이닝 스케줄 1 (11v11/10v10/8v8 오버로드 모델 적용 시)															
날짜	월		화		수		목		금		토		일		
목적	회복		전술		고강도		회복+전술		테이퍼링+전술		리그 경기				
강도	저강도		중강도		고강도		저강도		저강도		고강도				
총 뛴거리 (TD)	3,000m		4,500m		6,000m		2,500m		3,000m						
HIR+ 스프린트 (m)	0m		100m		300m		0m		70m						
훈련 내용	스트레칭+조깅	20	기술+코디	15	워밍업+볼	15	스트레칭+조깅	20	워밍업+볼필링	15	경기 워밍업	20	휴식		
	패싱 트레이닝	10	언더로드 모델 (7v7/6v6/5v5)	20	스피드	5	팀 전술 (수비)	20	코디	5	전반	45			
	론도 (5v2 볼 돌리기)	20	공/수 부분 전술	15	공/수 부분 전술	20	세트피스		공/수 부분 전술	20	후반	45			
	프리타임	10	팀 전술	20	오버로드 모델 (11v11)	30	프리타임	10	팀 전술+세트피스	20					
			프리타임	10	프리타임	10			프리타임	10					
총 훈련 시간 (min)	60분		80분		80분		70분		70분		110분		0분		

표 3-13 일주일 스케줄 예 2 : 7v7~5v5 오버로드 모델 적용 시 세부적 트레이닝

날짜	월	화	수	목	금	토	일
목적	회복	전술	고강도	회복+전술	테이퍼링+전술	리그 경기	
강도	저강도	중강도	고강도	저강도	저강도		
총 뛴거리 (TD)	3,000m	4,500m	6,000m	2,500m	3,000m	고강도	
HIR+ 스프린트 (m)	0m	100m	300m	0m	70m		
훈련 내용	스트레칭+조깅 20	기술+코디 15	워밍업+볼 20	스트레칭+조깅 20	워밍업+볼필링 15	경기 워밍업 20	휴식
	패싱 트레이닝 10	언더로드 모델 (4v4/3v3) 15	스피드 5	팀 전술 (수비) 20	코디 5	전반 45	
	론도 (5v2 볼 돌리기) 20	공/수 부분 전술 20	오버로드 모델 (7v7/6v6/5v5) 25	세트피스 20	공/수 부분 전술 20	후반 45	
	프리타임 10	팀 전술 20	팀 전술 20	프리타임 10	팀 전술+세트피스 20		
		프리타임 10	프리타임 10		프리타임 10		
총 훈련 시간 (min)	60분	80분	80분	70분	70분	110분	0분

표 3-14 일주일 스케줄 예 3 : 4v4~3v3 오버로드 모델 적용 시 세부적 트레이닝

날짜	월	화		수		목		금		토		일
목적	회복	전술		고강도		회복+전술		테이퍼링+전술		리그 경기		
강도	저강도	중강도		고강도		저강도		저강도				
총 뛴거리 (TD)	3000m	4500m		6000m		2500m		3000m		고강도		
HIR+스프린트 (m)	0m	100m		300m		0m		70m				
훈련 내용	스트레칭+조깅	기술	20	워밍업+볼	20	스트레칭+조깅		워밍업+볼필링	15	경기 워밍업	20	휴식
	패싱 트레이닝 10	공/수 부분 전술	15	스피드	5	팀 전술 (수비)	20	코디	5	전반	45	
	론도 (5v2 볼 돌리기) 20	팀 전술	15	오버로드 모델 (4v4/3v3)	25	세트피스		공/수 부분 전술	20	후반	45	
	프리타임 10	언더로드 모델 (11v11/10v10/9v9/8v8)	20	팀 전술	20	프리타임	10	팀 전술	20			
		프리타임	10	프리타임	10			프리타임	10			
총 훈련시간 (min)	60분	80분		80분		70분		70분		110분		0분

(4) 결론 : 6주 주기화 트레이닝 모델의 현장 적용

6주 주기화 트레이닝 모델은 동계훈련(프리시즌) 시기의 체력 향상 목적을 당연히 포함하면서, 전체 시즌을 치르면서도 점진적으로 체력을 향상시키는 것을 주목적으로 한다. 특히 축구와 피지컬 트레이닝을 분리하지 않고 축구를 하면서 피지컬 트레이닝을 접목시키는 과정이다. 즉 "축구 경기(상황 인식, 풋볼 액션의 실행)라는 특징을 기반"으로 하여 SSG(3v3~4v4), MSG(5v5~7v7), BSG(8v8~11v11) 등의 다양한 경기 형태의 트레이닝을 주말 리그를 진행하면서도 지속적으로 적용하는 것을 기본으로 한다.

다만 한국 축구의 현실로 인해 진학 관련 주중의 연습경기는 상급 학교의 요청을 거부하기가 쉽지 않다. 따라서 진학을 위한 주중의 연습경기가 진행되는 주에는 중립 시기를 거치도록 한다. 중립 시기란 상위팀(대학팀 혹은 프로팀)과 경기(오버로드 모델 : 11v11)를 해야만 하는 상황이라면 해당 주 화요일(MD-4)의 언더로드 모델을 7v7, 6v6, 5v5로 설정하여 훈련을 하는 것을 말한다.

또한 중립 시기에 상위팀과 주중에 연습경기를 한다면 90분 풀타임 출전은 신체에 상당한 부하를 줄 수 있다. 따라서 해당 주 화요일(MD-4)의 언더로드 모델은 7v7, 6v6, 5v5로 설정하여 실시하며, 수요일(MD-3) 경기는 최대 45분만 출전시키고, 목요일(MD-2)에는 회복 훈련 또는 휴식을 취하는 것이 선수의 오버트레이닝(과훈련) 상태를 방지하여 부상 발생률을 감소시키는 데 도움이 될 것이다.

또한 중립 시기 수요일(MD-3)에 경기를 뛰지 않는 선수들 역시 45분 경기 데이터에 적절한 양과 강도의 추가 트레이닝이 필요하다. 이때 팀에 GPS Global Positioning System 측정 장비를 활용하면, 보다 정확하게 선수들의 훈련량과 훈련 강도를 제시할 수 있을 것이다.

전술적 주기화 트레이닝

IV 전술적 주기화 트레이닝

"달리는 것은 동물을 위한 것이다.
축구는 두뇌와 볼에 관한 것이다." - 루이스 반 할

다양한 내용의 훈련을 나누어 진행하는 전통적인 훈련 방법과 볼을 사용하면서 통합적으로 진행하는 방법은 큰 차이가 없다. 그런데 '전술적 주기화' 트레이닝 방법은 완전히 다른 접근 방법이다. 전술적 주기화는 전술을 우선시하는 축구 전문적 주기화이다.

전술적 주기화의 목표는 경기 플레이 방법을 개념화하는 것으로, 포르투갈의 스포츠과학자 빅토르 프레드가 1990년대에 개발한 트레이닝 모델이다. 여기에 스페인 바르셀로나대학 교수이며 FC 바르셀로나 체력 트레이닝에 관여했던 프란치스코 세이룰로가 중요한 공헌을 하였다. 전술적 주기화에는 항상 전술이 계획과 트레이닝 설계의 중심에 있다. 전술적 접근만이 기술, 운동 능력 같은 경기력 요인을 경기에 적용할 수 있도록 만들어 주기 때문이다.

축구 경기에서의 전술은 개인 전술 Individual tactics, 그룹 전술 Group tactics, 팀 전술 Team tactics 세 개의 기본 영역으로 나눌 수 있다. 승리를 하기 위해서는 1대1 상황과 같이 개인 전술에서 뛰어난 능력을 발휘할 수 있어야 한다. 팀 전술에 뛰어나더라도 개인 전술에서 뛰어나지 못한 선수가 베스트 11에 포함되지 못하는 것은 당연하다. 전술적 주기화 모델에서 가장 중요한 것은 경기의 복합성을 보여 주는 총체적 접근 방법의 개념이다.

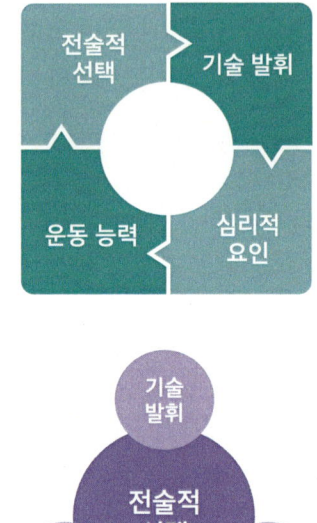

그림 4-1 축구 경기력 요인과 전술의 중요성(Jankowski, 2016)

경기 상황에서 성공적으로 경기를 풀어 가기 위해서는 〈그림 4-1〉에 나타난 것과 같이 전술적 결정부터 해야 한다.

- 선수는 먼저 결정을 해야 한다(전술, Tatics).
- 그다음 기술 동작을 실행해야 한다(기술, Technique).

- 기술은 움직임을 필요로 한다(운동 능력, Athleticism).
- 그리고 이것은 항상 감정과 정신의 영향을 받는다(심리적 요인, Mental factors).

이러한 전술적 복합성에 관한 이해가 없다면, 기술이나 스피드 같은 개인적 요소 등이 경기의 전체 맥락에 통합되지 못한다. 빨리 달리는 것은 좋은 능력이다. 그러나 선수가 항상 적합하지 않은 곳에서, 적합하지 않은 타이밍에 빠르기만 하다면 팀 경기력에 보탬이 되지 못할 것이다.

최근 몇 년간 축구 트레이닝의 개념과 방법론의 흐름이 변화하였다. 전통적 훈련 방법이 가장 크게 달라진 곳은 포르투갈과 스페인일 것이다. 전술적 주기화라는 훈련 방법은 현대 축구에서 가장 새로운 방법 중 하나이다. 무리뉴와 보아스 같은 감독들이 적용하기 시작했던 전술적 주기화 트레이닝의 주요 방법론적·교육학적 원칙은 "축구는 그 논리적 구조에 따라 '훈련되고 학습하는' 종목"이라는 것이다.

경기 중의 모든 활동은 전술적 측면에서의 결정과 생리적 측면에서 요구되는 활동, 기술적 측면에서의 운동 기능을 수반하며, 심리적 측면에서의 의지와 감정 상태에 따라 조정된다(Oliveira, 2004). 훌륭한 선수는 경기 상황에 맞춰 가장 적절한 움직임을 선택할 줄 아는 선수이며, 이러한 적절한 움직임은 늘 전술적 상황에 따라 결정된다. 따라서 전술적 측면이 훈련의 가장 중요한 구성 요소가 되어야 한다.

그러나 전술적 측면은 그 자체로 존재하는 것이 아니라, 서로 다른 세 가지 측면과의 상호 작용을 통해 존재한다. 전술적 주기화 트레이닝이 항상 네 가지 경기력 요인을 따로따로 훈련하지 않는 이유이고, 명칭에서도 드러나듯이 전술이 항상 중심에 있는 이유이다.

카르발랄(Carvalhal, 2002)은 이전의 주기화 모델에서 강조되었던 전술적·기술적·체력적·심리적 트레이닝 요인들의 분리에 대해 비판하며, 축구 트레이닝을 "전체"로서 이해하는 것이 우선시되어야 한다고 강조하였다. 각각의 요소를 분리하여 생각하는 구조는 축구가 갖고 있는 복합성에 맞지 않다는 것이다. 경기에서 요구되는 능력과 특징은 나누어서 생각할 수 없고 절대로 분리되어 나타나지도 않는다.

따라서 경기 상황에 맞추어 어떻게 플레이하고 어떻게 전술적으로 움직일 것인가에 대해 명확한 경기 모델을 만들고, 트레이닝을 통해 습득해야 한다.

1. 경기의 4단계

경기의 4단계는 수비, 공격, 공격-수비 전환기, 수비-공격 전환기로 나눌 수 있다. 각 단계는 상호 간에 연속된 관계에서 발생하기 때문에 독립적으로 존재하기보다는 하나의 전체적인 과정으로서 이해해야 한다. 경기의 4단계를 서로 연결되고 상호 보완적인 관계로 이해했을 때 경기가 내포하고 있는 복합적인 면을 단순화할 수 있으며, 선수들이 원하는 플레이를 구성하는 데도 도움이 된다.

- 공격 단계
    - 팀이 볼을 가지고 있을 때 팀의 활동
    - 팀이 콤비네이션 플레이와 이를 위한 움직임으로 경기를 운용하는 방법
    - 팀이 득점하기 위해 기회를 만들고 준비하는 방법

- 공격-수비 전환기
    - 상대 팀에게 볼을 빼앗겼을 때 공격에서 수비로 전환하는 시기
    - 볼의 소유권을 빼앗긴 직후 팀의 활동-공격 자세로부터 수비 자세로 전환

- 수비 단계
    - 상대 팀이 볼을 소유하고 있을 때 우리 팀의 수비 활동
    - 상대 팀의 득점을 막기 위해 좋은 위치를 선점하고 팀의 수비 형태 조정

- 수비-공격 전환기
    - 상대 팀으로부터 볼을 빼앗았을 때, 수비에서 공격으로 전환하는 시기
    - 볼 소유권을 얻은 직후의 공격 행동

루이스 반 할 감독은 축구 경기의 4단계를 〈그림 4-2〉와 같이 더 구체적인 단계로 구분하였다. 전술적 주기화를 사용하고자 하는 지도자는 전술적 주기화의 방법적 원리에 대한 이해와 이론적 측면을 잘 알아야 한다. 이때 모든 고려사항의 출발점은 지도자가 만들어야 하는 경기 모델이다. 경기 모델을 개발하기 전 지도자 스스로 가장 먼저 해야 할 중요한 질문은 경기 4단계에서 어떻게 행동해야 하는가, 특히 경기 승패를 결정하는 전환 순간transitional moments에 어떻게 행동해야 하는가이다.

경기 모델은 경기장에서 선수들이 답해야 할 다음 질문에 모범답안을 제공할 수 있어야 한다.

- 우리 팀이 볼을 소유했을 때, 상대 팀이 조직을 갖추었을 때, 또는 조직을 갖추지 못했을 때 어떻게 행동할 것인가?
- 상대 팀이 볼을 소유했을 때, 우리 팀이 조직을 갖추었을 때, 또는 조직을 갖추지 못했을 때 어떻게 행동할 것인가?
- 우리 팀이 수비에서 공격으로 전환할 때 어떻게 행동할 것인가?
- 우리 팀이 공격에서 수비로 전환할 때 어떻게 행동할 것인가?

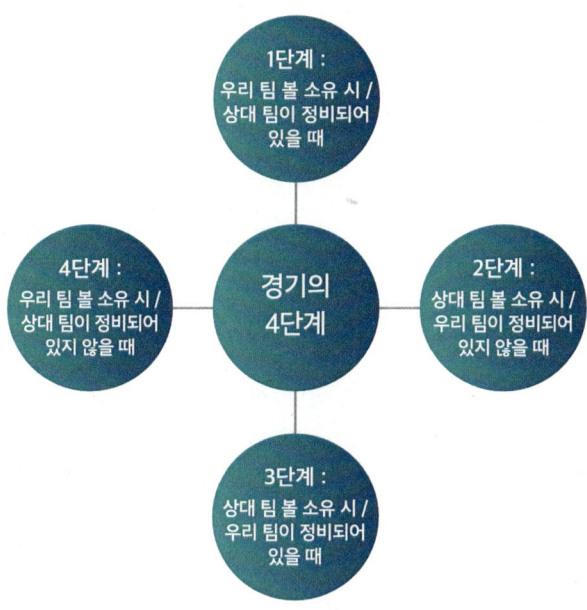

그림 4-2 루이스 반 할의 경기의 4단계

    전술적 주기화 개념에 따라 훈련하는 팀을 자세히 살펴보면, 대부분의 지도자들은 전환 순간 이후의 수비 훈련에 많은 시간을 할애한다. 이러한 개념을 갖춘 우수한 팀은 실점을 적게 하고, 경기 상황과 상대 팀에 따라 압박과 잘 조직된 수비 플레이를 보여 준다. 무리뉴 감독의 경우, 항상 완전한 수비 구조를 가장 중요한 첫 번째 원리로 적용하고 있다.

    완전한 수비를 먼저 구축해야 한다는 논리는 다음과 같다. "실점을 하지 않는다면 상대 팀이 이기는 것은 불가능하기 때문이다." 이는 선수들에게 자신감과 공격에 대한 용기를 북돋아 준다. 이러한 공격을 구성하기 위해서 선수들은 경기 각 단계별로 어떻게 행동해야 하는가를 자세히 지도를 받아야 한다.

축구 경기의 목적은 골을 넣는 것이기 때문에 4단계 접근법의 개념은 공격 단계가 시작되는 시점에서부터 시작된다고 생각할 수 있다. 그러나 각 단계는 독립적이라기보다 하나의 단계가 곧 다른 모든 단계의 흐름에 영향을 준다.

이러한 개념과 공격 스타일에 기반하여 볼을 잃은 뒤 즉각적으로 다시 되찾기 위한 노력으로 상대 진영에서 강한 압박이 들어온다.

볼을 즉각적으로 빼앗을 수 없을 때, 팀은 수비 진영을 갖추어야 한다. 볼을 다시 획득한 직후에는 가장 먼저 상대 팀의 무너진 조직력을 이용해야 한다. 따라서 공수 전환기를 빠르게 인지하여 공간을 창출하고, 상대 팀의 조직력이 갖추어졌는지를 판단하여 경기의 흐름을 파악하는 것이 중요하다.

'공격 개념' 같은 이론을 제시할 때는 먼저 핵심 개념을 이해하는 것이 중요하다. 예를 들면, 상대방의 골대에 근접할수록 공격수들은 더 강한 수비벽에 부딪히기 때문에 볼의 흐름이 완전히 달라진다. 따라서 볼의 흐름은 팀이 플레이하는 공간의 영향을 받을 수밖에 없다. 이러한 현상을 이해하면 팀은 공간을 제어함으로써 볼을 원하는 곳으로 이동시킬 수 있으며, 이 과정을 통해 상대 팀이 해당 공간을 활용하지 못하도록 할 수 있다. 그러므로 경기를 통제한다는 것은 볼을 소유했을 때와 볼을 소유하지 못했을 때 모두 팀이 원하는 공간에서 플레이할 수 있는 능력과 관련이 있다.

팀이 경기를 장악하는 능력과 경기를 통제하는 능력은 다양한 형태로 발현될 수 있다. A팀은 경기를 장악하지 않고도 통제할 수 있고, 경기의 흐름을 조절하지 않으면서 경기를 장악할 수도 있다. 때로는 경기를 통제하거나 장악하지 않지만 어떤 때에는 경기를 장악하면서 통제하기도 한다.

우리의 경기 운영 철학은 경기를 장악하면서 조절하는 방법을 선호하는데, 이는 볼을 소유함으로써 경기를 통제하길 원하기 때문이다. 만약 우리가 볼을 소유하고 있다면 상대 팀보다 우리가 득점에 더 유리하다는 것을 의미하지만, 우리가 볼의 점유율을 통해 경기를 통제하는 것이 곧 공격 단계 이외의 다른 단계들에서 경기에 대한 통제가 없다는 것을 의미하는 것은 아니다. 공격적인 조직과 포지션을 유지할 때 경기를 더 쉽게 통제할 수 있다고 생각하지만, 각각의 단계에 따라 그에 맞게 경기를 통제할 수 있어야 한다. 예를 들어 팀이 볼을 소유하고 있을 때는 수비 균형을 반드시 유지해야 하고, 볼 소유권을 빼앗겼을 때는 각 선수와 팀 전체가 종합적으로 정확하게 대처할 수 있는 움직임을 가져가야 한다. 그러므로 경기를 통제한다는 것은 경기장 내의 모든 영역과 그곳에서 일어나는 모든 활동을 잘 알아야 하고, 모든 부분에서 경기를 능숙하게 다룰 줄 알아야 한다는 것이다.

축구 경기는 매우 복합적이어서 수비 블록을 우리가 원하는 만큼 끌어올려 포지션을 유지할 수 없을 때도 있다. 그럴 때에는 중간 지역에서 플레이해야 할 수도 있고, 어떤 경기에서는 후방에서 팀 수비를 더 강화해야만 할 때도 있다. 그렇기 때문에 팀에 따라 각기 다른 선수 배치와 다른 블록을 구성하여 이를 다양한 형태의 통합적인 상황에서 훈련해야 한다.

현대 축구에서는 수비 조직력의 향상으로 인해 전환기가 갖는 중요성이 더욱 부각되고 있다. 예를 들어 수비에서 공격 상황으로 전환될 때, 볼을 빼앗은 직후 상대 팀 수비 조직력의 허점을 빠르게 살피는 행동 같은 일종의 행동 패턴이 존재한다. 모든 팀이 볼을 빼앗긴 뒤 조직력이 흩어지거나 재정비하는 시간이 오래 걸리는 것은 아니기 때문에 일원적인 원인과 결과 방식의 상관 관계를 만들기는 어렵다. 이러한 관점에서 경기를 지배할 수 있는 원칙들을 규정지어야 한다. 심지어 볼을 빼앗긴 상황에서도 다시 볼을 가져올 수 있는 지역을 정한다거나 균형을 위한 원칙들을 정해야 한다. 이것이 공격 단계가 수비 단계와, 또는 수비 단계가 공격 단계와 잘 융합되는 방법이다.

볼을 소유하고 있는 단계에서 공간 관리를 위해 중요한 것은 수비 블록의 위치 선정이다. '공격적인 철학 attacking philosophy'에 따르면 상대 팀 영역에서 볼 소유 비율을 높게 가져가는 것이 필요하지만 되도록 빨리, 또는 자주 볼을 획득하는 것도 중요하다.

공격과 수비 단계에서 가장 중요한 이슈는 균형의 원칙이다. 볼을 소유하고 있을 때, 볼을 상대 팀에 빼앗길 경우를 대비해야 한다. 이는 수비 라인에서 수적 우세를 유지하고 상대편 공격수를 막음으로써 상대방의 역습 기회를 차단하는 데도 매우 중요하다.

2. 경기 모델의 개발과 중요성

"경기는 가장 훌륭한 선생이다.
The game is the best teacher."

전술적 주기화를 사용할 때 축구공을 활용하는 것과 축구 코칭을 하는 것의 차이를 아는 것이 매우 중요하다. 대부분의 사람들은 그저 볼을 가지고 모든 훈련을 하는 것을 전술적 주기화의 원리라고 생각한다. 그러나 전술적 주기화의 비결은 볼에 있는 것이 아니고 각 훈련의 전술적 목적에 있다. 모든 훈련은 사전에 결정된 경기 모델에 따라 전술적 초점에 맞춰 구성되어야 한다.

축구 경기에서는 선수들의 상황 판단 능력이 필요한 때가 있다. 선수들의 판단은 우연의 일치가 아니라 내적 논리에 따라 팀을 움직이게 하는 확고한 원칙에 기반해 이루어진다. 이러한 논리를 설명하기 위해 프레드Frade는 "경기는 익숙한 영역know-how field에서 진행된다"고 말했다. 반면, 축적된 노하우로 인해 상황 판단 능력이 향상되기 위해서는 팀 내 상호 관계에 대한 충분한 이해가 바탕이 되어야 하며, 그때 비로소 더 큰 힘을 발휘할 수 있다. 선수가 해야 할 플레이에 대해서 전술적으로 이해하고 있다면 팀 구성원들 간의 생각을 적절히 융합할 수 있게 된다.

축구팀은 그들만의 문화, 언어, 규칙, 정체성을 가지고 있는 또 하나의 작은 사회이다. 그렇기 때문에 복합적인 관점에서 이해하고 설명해야 한다. 따라서 코치들은 팀을 위해 경기 모델을 만들 때, 주어진 특수한 상황에서 작용하는 몇몇 요인들을 동등하게 고려해야 한다.

경기 모델을 만들 때 가장 중요한 것은 상황에 부합하도록 코치가 원하는 플레이 스타일을 정하는 것이다. 선수들은 경기 중 모든 순간에 반드시 해야 하는 것이 무엇인지를 정확히 알아야 한다. 코치는 경기 중 선수들 간에, 또는 다른 포지션이나 같은 포지션 간에 전체 팀으로서 확실한 전술적 움직임과 패턴을 보여 주길 원한다.

많은 지도자들은 실제 경기 상황처럼 체력과 관련된 요인을 트레이닝하기를 원한다. 예를 들면 지구력을 강조하기 위해서 경기장을 크게 만들어 훈련하고, 폭발적인 순발력을 발휘하게 하기 위해 작은 경기장에서 훈련하기도 한다. 그러나 이러한 방법들은 모든 면에서 전술에 초점을 맞추는 전술적 주기화 접근 방식이 아니다.

전술적 주기화 접근 방식은 체력 요인의 트레이닝을 분리해서 실시하지 않는 것뿐만 아니라, 경기 모델로부터 발달된 스포츠 전문적 원리에 근거하여 모든 요인을 함께 트레이닝하는 것이다. 많이 달리지 않는 게 중요한 것이 아니라 정확한 방법으로 달리는 게 중요하다.

따라서 가장 좋은 트레이닝 방법을 제공하기 위해서는 적절한 경기 모델을 만드는 것이 무엇보다 중요하다. 지도자가 새로운 팀을 맡는다면, 그는 먼저 현재 팀의 상황과 경기력을 분석하고 그 결과를 바탕으로 경기 모델을 만들어야 한다.

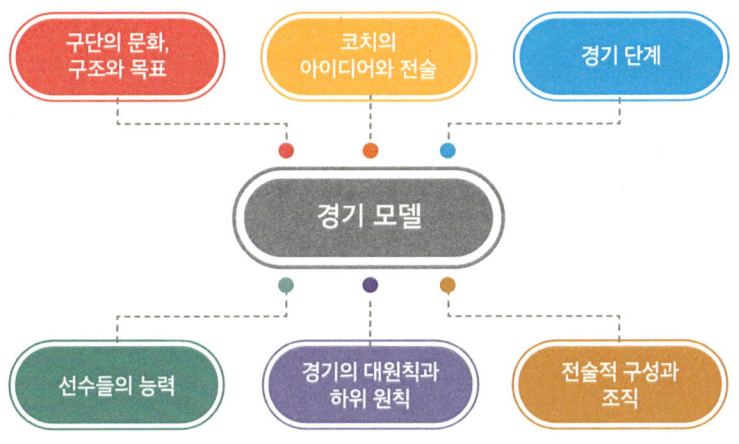

그림 4-3 경기 모델을 계획할 때 고려해야 할 요인(Oliveira G., 2007)

경기 모델은 다음 질문에 대한 답을 포함해야 한다(그림 4-3).

- 선수들의 능력은 어느 정도인가?
- 팀의 목표와 구조는 어떠한가?
- 팀의 플레이 문화와 특징은 무엇인가?
- 경기 4단계에서의 전술적 행동은 어떠한가?
- 팀의 경기 아이디어는 무엇인가?
- 팀의 플레이 원칙은 무엇인가?
- 팀의 조직은 어떻게 되어 있는가?

경기 모델은 팀의 철학과 팀의 장단점 등을 고려해 만들어야 한다. 특히 팀 플레이 스타일을 결정하는 팀의 철학이 우선 정리되고 그에 따라 플레이 원리, 선수들의 특징을 고려한 포메이션 및 경기 모델을 단계적으로 만들어야 한다.

① 팀의 철학
② 플레이 원리
③ 선수들의 특징
④ 포메이션
⑤ 경기 모델

1) 경기 모델의 발전적 단계

국가, 리그, 클럽 또는 팀이 같을 수 없는 것처럼 모든 팀에 적합한 완벽한 경기 모델이란 없다. 오직 각 팀의 상황에 맞는 이상적 경기모델을 만들기 위해 노력하는 것이다. 경기 모델은 각 팀의 DNA로, 팀의 특징을 만든다. 선택한 경기 모델은 그 모델 안에서 모든 선수의 잠재력을 최대화할 수 있어야 한다.

팀에 대한 분석 후, 지도자는 그의 경기 모델과 비전을 선수들과 공유해야 하기 때문에 경기 모델이 팀의 특징과 잘 맞는 것이 중요하다. 이상적으로는 경기 모델을 통해 모든 경기 상황에서 어떻게 해야 할지를 배웠기 때문에 팀 전체가 하나가 되어 경기하는 것을 기대할 수 있다. 따라서 지도자는 선수들이 경기장에서 같은 생각으로 같은 행동을 할 수 있도록 경기 모델의 구조를 제공해야 한다. 지도자가 그의 경기 모델을 탄탄하게 자리 잡도록 하기 위해서는 경기 모델의 개념과 그 개념을 실행하기 위한 방법도 제시해야 한다.

의도하는 경기 모델에 적합한 의사소통은 다른 많은 행동을 고려해야 하기 때문에 전술적 주기화 개념의 가장 도전적이고 어려운 부분이다.

첫째, 경기 아이디어game idea 또는 플레이 철학playing philosophy은 각 나라, 각 팀의 문화적 상황 및 조건을 고려하여 만들어야 한다. 잘 구성되고 간결하게 플레이 철학을 정리하여 2009년 U-17 월드컵 대회 우승을 차지해 좋은 평가를 받았던 스위스 청소년대표팀의 예를 살펴보면 다음과 같다.

스위스 청소년대표팀의 예

우리는 역동적으로 플레이하며 지역 축구를 한다.
- 역동적 : 우리 선수들은 달리고, 투지 있게 우리의 경기를 확고하게 하기 위해 최선을 다한다.
- 공격적 : 우리 선수들은 공격적으로 플레이하며 모든 기회를 성공시키기 위해 노력한다.
- 지역 축구 : 우리 팀은 잘 조직되고, 콤팩트하게 상대 선수의 실수를 유발하기 위해 강하게 압박한다.

경기 철학을 결정하고 경기 모델의 소통을 단순화하기 위해서는 경기 단계의 원리를 만들고, 선수 유형에 따라 포메이션과 기본 순서를 작성하여 경기의 개인적 요소를 더 작은 구조로 분해해야 한다.

경기 모델은 경기의 대원칙principles, 부원칙subprinciples 그리고 하위 원칙 sub-subprinciples으로 구성되어 있으며, 이들은 깊은 연관성을 갖고 경기의 각 단계를 대표한다(Oliveira, 2003). 경기를 구성하는 서로 다른 원칙들과 단계들은 유기적으로 연관되어야 한다. 이러한 행동과 패턴들이 궁극적으로 팀 전체의 역동적인 움직임과 팀이 가진 특별한 플레이 스타일로 나타나게 되는데, 이를 기능적 조직

functional organization이라고 부른다.

다음은 이러한 요점을 고려하여 원하는 전술적 행동을 보다 작고 세밀하게 나누어 작성한 예이다(그림 4-4).

그림 4-4 경기 모델과 원칙

① 경기 모델 : 최상위 요인
② 대원칙
　- 경기 모델 하부 구조
　- 팀 전술
③ 부원칙
　- 대원칙의 하부 구조
　- 그룹 전술
④ 하위 원칙
　- 부원칙의 하위 원칙
　- 개인 전술

이러한 원칙이 정리된 후에 기존 선수들의 특징과 경기 철학, 원리 등을 고려한 기본 포메이션과 경기 시스템 등을 만드는 것이다.

전술적 행동을 세분하여 작성한 예 : U-17 스위스 청소년 국가대표

지역 축구(Zone Soccer) : 우리 팀은 잘 조직되고, 콤팩트하게 상대 선수의 실수를 유발하기 위해 강하게 압박한다. 또는 완벽한 조직력으로 상대 선수들이 실수를 하도록 주도권을 갖고 콤팩트한 수비를 펼친다.

- **대원칙 – 팀 전술(Team tactics) : 어떻게 할 것인가?**
  - 상대 팀이 볼을 소유하고 우리 팀은 조직적 정비가 되어 있는 경기 3단계에서 주도적으로 행동한다.
  - 이를 위해 가장 좋은 방법은 어떤 것인가?
    예를 들어, 통제된 미드필드 압박(Controlled midfield pressing)을 할 때 팀은 어떻게 행동해야만 하는가? 구체적으로 어디서 볼을 빼앗을 것인가 또는 상대 팀의 골킥 시 어디에 위치할 것인가?

- **부원칙**
  - 그룹 전술(Group tactics) : 상대 팀이 볼을 소유했을 때, 공격수들은 어떻게 수비할 것인가, 또는 미드필더와 수비수는 어떻게 행동할 것인가?

- **하위 원칙**
  - 개인 전술(individual tactics) : 이 단계에서 선수 개인은 어떻게 행동할 것인가?
    = 한 예로, 최전방 공격수가 상대 팀 수비형 미드필더(6) 쪽으로 움직여야 할 것인가?

경기 모델의 목적은 마치 퍼즐을 처음에 분해했다 하나하나 다시 재조립하는 것처럼 선수를 위해 복잡한 상황을 단순하게 만드는 것이다. 무리뉴 감독이 컬러 박스 시스템 color box system 을 사용하는 것은 잘 알려져 있다. 예를 들어 무리뉴 감독이 경기 중 "블루 박스 blue box"라고 외치면 선수들은 모두 상대를 강하게 압박해야 한다는 것을 알고 실행한다. 만일 무리뉴 감독이 "그린 박스 green box"라고 외치면 선수들은 안정적으로 자신의 위치에서 볼을 소유하며 쉬어가는 플레이를 한다. 이러한 경기 모델은 유소년팀 경기 모델을 프로팀처럼 적절하게 적용하는 것을 가능하게 한다. 경기 모델은 유연하게 변화할 수 있어야 하고, 이를 위해 지속적으로 재조정되어야 한다.

경기 종료 후, 사용했던 경기 모델은 경기 평가와 다음 주 트레이닝을 위한 평가 자료로 활용할 수 있다.

- 경기장에서 어떻게 경기 모델을 잘 실행했는지 분석한다.
- 경기 모델에 근거하여 다음 상대 팀을 준비하면서 다음 주 트레이닝을 어떻게 구성할 것인지 고려한다.

경기 모델이 한번 완벽하게 구성되면 경기 모델에서 모든 플레이 능력 요인이 주요 역할을 수행하기 때문에 전체 시즌은 계획된 것과 다름없다. 또한 일 년 시즌 내내 지속적으로 트레이닝을 할 수 있다 (그림 4-5).

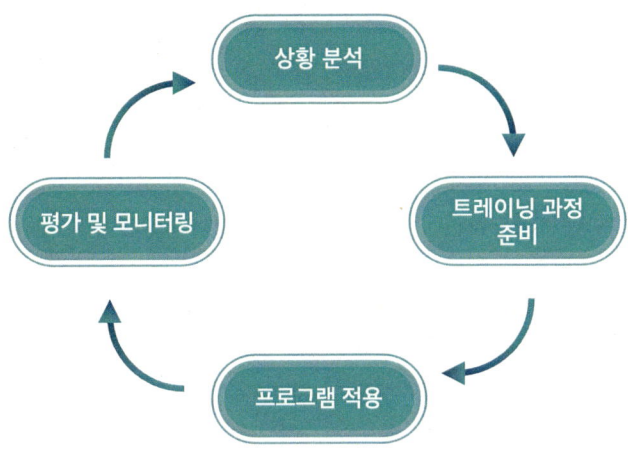

그림 4-5 경기 모델의 적용 및 평가

- 상황 분석 : 진단 및 예측
- 트레이닝 과정 준비 : 프로그램 계획
- 프로그램의 적용 : 트레이닝
- 평가 및 모니터링 : 결과 분석

2) 포메이션 선택

축구 경기는 4-3-3, 4-4-2, 3-4-3, 3-5-2와 같이 선수의 포지션에 따라 구조적인 조직 structural organisation 형태가 만들어진다. 구조라는 것은 정해진 공간적 형태에 불과하지만, 자신이 원하는 플레이를 하거나 상대방이 원하는 플레이를 할 수 없도록 하는 데 중요한 역할을 한다. 예를 들어, 선수들이 좋은 볼의 흐름을 유지하고 볼 소유를 오래 가져가기 위해서 지속적으로 대각선 방향, 삼각 편대,

또는 다이아몬드 형태의 포지션을 만들어야 한다면 일렬로 여러 겹 배치된 형태보다 몇몇 구조화된 형태가 더 큰 도움이 될 것이다. 따라서 포메이션을 선택할 때는 이러한 구조가 팀의 기능적 형태에 어떤 영향을 미칠지 정확하게 판단하는 것이 중요하다.

포메이션을 선택할 때에는 팀의 플레이 원칙, 기능적 형태, 선수들의 특성 및 개인 능력 같은 다양한 요소를 고려해야 한다. 그리고 어떤 포메이션이 팀의 특성을 향상시킬 수 있을지 정확히 평가해야 한다. 이러한 구조가 선수들의 개인 능력과 팀의 기능적 조직과의 관계에는 영향을 미치지 않기 때문에 팀은 다양한 포메이션을 연습하고 사용해도 좋다. 조직화는 주로 역동적인 개념의 기능적 측면으로 받아들여지기 때문에 정적인 개념의 구조적인 면을 훨씬 뛰어넘는 개념으로 이해해야 한다. 경기 중에 선수들은 팀의 동료들이나 상대 선수들과의 상호 관계에 따라 움직이게 되기 때문이다.

플레이 원칙과 구조는 밀접한 관계가 있다. 무리뉴 감독은 이 점을 강조하며, "AC 밀란은 세 개의 라인으로 구성된 반듯한 형태의 4-4-2 포메이션으로 플레이하면서 상대방을 폭넓게in width 압박하는 전술을 사용한다. 반면 우리 팀은 2-2-1-2-1-2 포메이션을 사용하며 상대 팀 깊숙이in depth 압박하는 전술을 사용한다"고 말했다.

시도하고자 하는 공격과 수비 방식은 플레이 원칙을 따라야 하며, 팀이 활용했던 구조와 연관되어야 한다. 이러한 구조가 정적인 형태를 이루고 있을지라도, 원하는 플레이를 하고 경기력을 향상시키는 데 매우 중요하게 작용할 것이다.

팀의 구조적 형태인 포메이션을 신중하게 선택하는 것도 중요하지만, 더욱 집중해야 하는 것은 트레이닝 과정을 거쳐 이뤄낼 수 있는 포메이션의 작동 방식이다.

경기의 각 단계별 상황에 따라 경기 내내 공간 분포를 균형 있게 유지하고, 경기의 흐름을 만들어낼 수 있는 좋은 구조 reference structure 를 적용하는 것이 중요하다. 이러한 구조가 선수들의 초기 포지션을 설정하고, 선수들이 공격이나 수비 시 어떻게 자신들의 기본적인 역할을 가져가야 할지 결정하게 만든다.

경기에서 팀이 하고자 하는 움직임과 패턴은 팀의 특성을 대표하는 전체적인 움직임 collective dynamic actions 인데, 이를 '기능적 구조 functional organization'라고 부른다.

기능적 구조의 개념이 생겨난 이후에, 올리베이라(Oliveira, 2004)는 전술적 주기화의 관점에서 보았을 때 "선수들과 팀의 활동 그리고 패턴은 구조와 지시 order 에 따른 결과이다. 여기서 지시는 절대로 선수의 창의성을 제한해서는 안 된다"고 강조하였다.

선수들에게는 코치가 제시하는 구조나 형태 안에서 새로운 해법을 찾는 활동이 반드시 필요하다. 코치는 이미 예상되는 상황들을 설정하겠지만, 그 상황에서 구체적으로 어떤 일들이 일어날지 정확히 알 수 없기 때문에 선수들이 해법을 제시해야 한다.

3) 플레이 원칙과 구조의 상호 작용

플레이 원칙과 구조의 상호 작용에서 만약 팀이 볼을 소유하는 비율을 높이고 싶다면 기본적으로 경기장에서 선수들의 포지션을 우선적으로 고려해야 한다. 선수가 좋은 포지션에서 볼을 소유하고 있을 때가 운용할 수 있는 패스 옵션을 많이 갖고 있다는 것을 의미한다고 가정했을 때, 몇몇의 구조는 이러한 활동이 원활하게 일어날 수 있도록 해준다.

많은 라인으로 이뤄진 구조는 선수들이 운동장을 폭넓게 차지할 수 있도록 해주고, 수비 라인을 위쪽으로 올릴 경우에는 선수 상호 간 대각선 방향의 라인을 형성할 수 있게 해준다. 또한 이러한 구조는 상대 팀이 쉽게 활용할 수 있는 지역 간의 공간을 선수들이 항상 커버할 수 있도록 해주기 때문에 팀들이 매우 선호한다.

구조와 선수들의 특성 및 포지션 간의 문제점은 다른 수준에서 발생할 수 있다. 만약 중앙 공격수와 양쪽 날개를 맡고 있는 선수가 팀 내 최고의 선수들이지만 코치가 4-4-2 포메이션으로 플레이하기를 원한다고 가정해 보자. 이러한 포메이션은 윙어가 없는 포메이션이기 때문에 측면에서 뛰는 선수들은 새로운 포지션과 역할을 얻어야만 하는데, 이는 선수들의 효율성을 제한하는 전술이 될 수 있다.

이러한 상황이라면 코치는 윙어들과 중앙 공격수의 능력을 극대화하고 그들이 원활하게 소통할 수 있는 4-3-3 포메이션과 같은 구조를 사용하여 팀을 효율적으로 운용할 수 있다. 만일 경기 모델 설계가 짧은 패스와 적절한 타이밍의 전환 플레이 그리고 빠른 공간 패스로 상대 팀을 압도하는 것으로 만들어졌다면, 그에 따른 적합한 연습 방법을 개발해야 한다. 포지션별 플레이는 선수들이 포지션별로 습득해야 할 행동을 훈련하는 데 도움을 준다.

(1) 론도스(Rondos)

"우리의 의도는 볼을 움직이는 것보다 상대 선수를 움직이게 만드는 것이다."
– 펩 과르디올라

론도스는 일정한 공간에서 원터치 또는 투터치 플레이로 패스 연결을 하는 포지션 플레이를 할 때, 경기 중 볼 근처에 많은 동료 선수를 활용하여 짧은 패스를 연결하는 훈련 방법이다. 가장 많이 사용되는 론도스는 8×8m 공간에서 5대2로 볼을 돌리는 훈련 방법이다.

8×8m 공간은 특별한 의미가 있다. 이 거리는 빠르게 볼을 돌리는 플레이에 적합한 거리이고, 동시에 8m 거리는 수비 블록의 이상적인 거리이기 때문이다. 이 훈련의 목적은 선수들이 작게 만든 경기장에서 빠르게 상황을 인식하고 상대 팀보다 정신적으로나 신체적으로 항상 한 발짝 앞설 수 있도록 일반적인 0.3초의 반응 시간을 0.15초로 단축시키는 것이다.

짧은 볼 접촉 훈련과 함께 론도스는 탈압박 counter-pressing 훈련을 할 수 있는 가장 좋은 방법이다. 이러한 포지션 게임은 경기장의 크기, 선수들의 수, 그리고 코칭 포인트 등으로 트레이닝의 강조점을 조정할 수 있다. 론도스 훈련을 할 때는 높은 강도·집중력과 함께, 다음 코칭 포인트를 항상 고려해야 한다.

론도스 코칭 포인트

- '상대 수비 선수의 사각에서 벗어나기'

이 훈련에서 열린 위치를 선택하는 것은 매우 중요하다. 선수는 사각 지역에서 벗어나야 한다(그림 4-6).

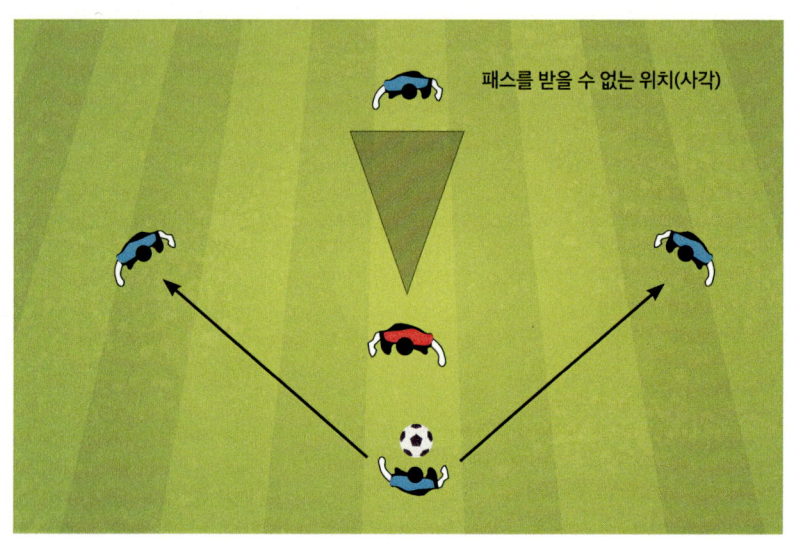

그림 4-6 상대 수비수의 사각에서 벗어나기

- '패스를 받을 수 있는 좋은 각도 만들기'

가능하면 볼을 가지고 있는 선수와 **45도 각도**의 위치를 활용하는 것이 바람직하다. **45도 각도**는 플레이를 계속 연결해 나갈 수 있기 때문이다(그림 4-7).

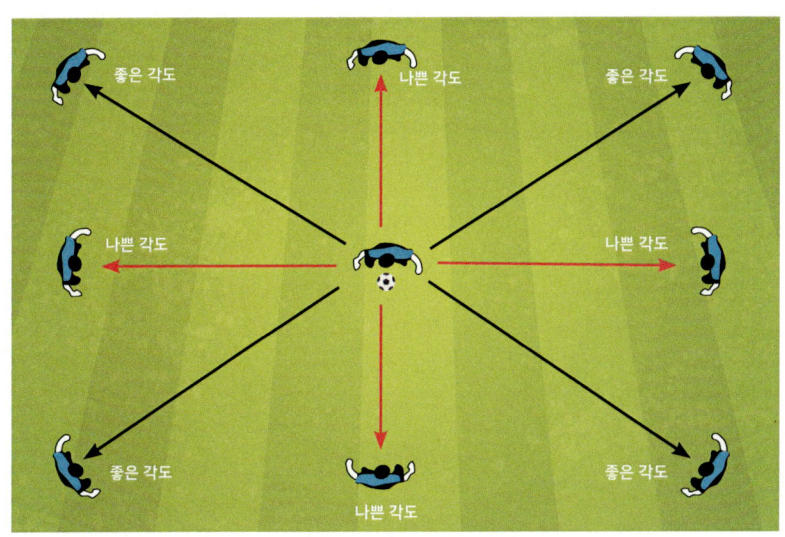

그림 4-7 좋은 각도 만들기

- '경기 상황을 잘 볼 수 있는 열린 자세로 준비하기'

열린 자세는 패스를 받기 위해서, 그리고 경기 상황을 최대한 잘 관찰하기 위해서 매우 중요하다. 계속되는 플레이 중에 좋은 결정을 하기 위해서도 아주 중요하다(그림 4-8).

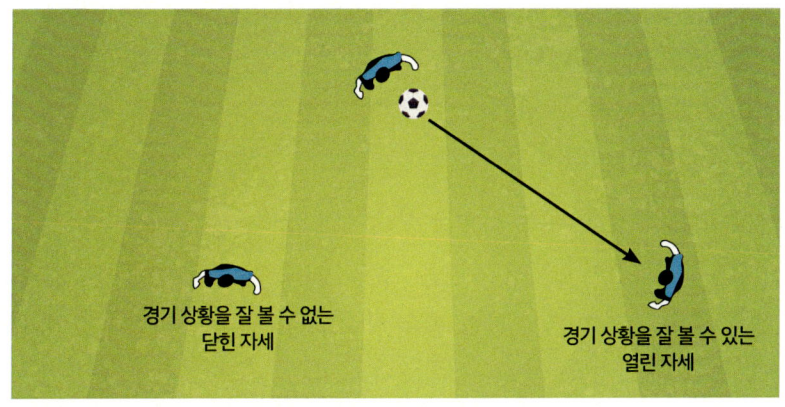

그림 4-8 열린 자세로 준비하기

- '지향적 볼 컨트롤'

원하는 방향으로 볼을 컨트롤하는 것은 볼의 스피드를 살리고 상대 수비의 압박에서 벗어나기 위해서 매우 중요하다. 론도스는 이러한 훈련을 할 수 있는 가장 좋은 방법이다(그림 4-9).

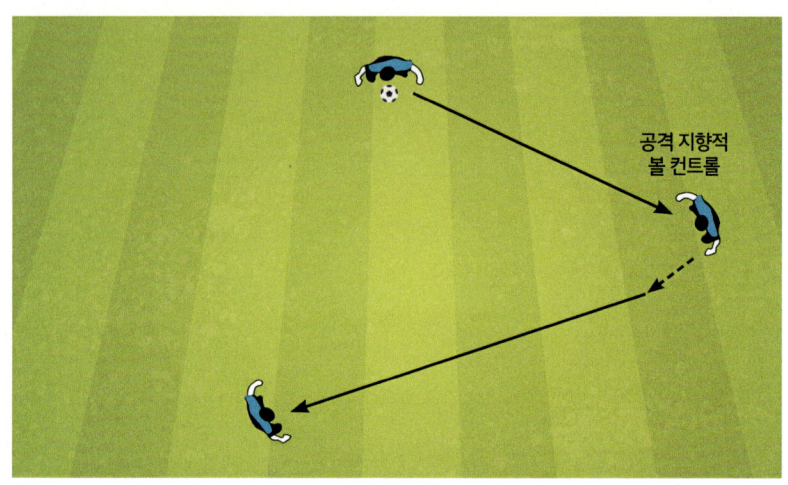

그림 4-9 지향적 볼 컨트롤

작은 공간을 활용한 볼 소유 플레이를 연습한 후, 코치의 터치 수 제한 조건부로 최대한 빠르게 득점하는 훈련 또는 전환 플레이가 이러한 포지션별 게임으로부터 발전될 수 있다. 부상 예방과 함께 준비운동 단계부터 전술 훈련을 사용할 수 있다. 예를 들어 경기 모델에 적용 가능한 패싱 연습과 상대 선수를 활용하는 것은 다음 트레이닝 단계의 지속적인 발전을 위해 선수들이 적절하게 준비할 수 있게 도움을 준다. 포지션별 전문 체력 적용 원리를 바탕으로 이러한 초기 패싱 연습을 하는 동안에도 선수들을 포지션별로 나누어 훈련할 수가 있다.

(2) 다양한 시스템을 활용한 공격 패스 경로

공격 전술에서 가장 중요한 개념은 정해진 포메이션에 구애받지 않고 지속적으로 몇 개의 삼각 구조와 다이아몬드 형태의 구조를 변형해 운용하는 것이다. 삼각 형태와 다이아몬드 구조는 공간 확보를 최적화할 수 있고 패스 경로를 다양하게 가져갈 수 있다.

우리의 목적은 볼의 흐름이 끊기지 않는 확실한 패턴을 갖는 것이다. 이러한 역동적인 흐름은 시스템에 의해 만들어지는데, 구조는 다소 정적이기 때문에 구조 그 자체보다 구조 내에서 이루어지는 역동적인 움직임과 팀의 플레이 원칙이 더 중요하다.

〈그림 4-10〉에서 볼 수 있는 것처럼 다이아몬드 구조로 이루어진 세 가지 포메이션(4-3-3, 4-4-2, 3-4-3)은 선수들이 자연스럽게 다이아몬드 형태나 삼각형 구조를 형성할 수 있도록 해주고 역동적인 흐름을 촉진하는데, 이것은 경기의 모든 단계(공격, 공격-수비 전환기, 수비, 수비-공격 전환기)에서 팀의 경기 모델에 포함된 주요 플레이 원칙들을 보여 준다. 이러한 점들은 여러 개의 수평·수직 라인에 의해 구현된다.

공격 단계

포지션에 기반한 플레이와 다양한 패스 경로를 만들어 볼 소유 시간을 늘리고 볼 흐름의 속도를 높게 유지한다.

공격-수비 전환기

볼을 가진 선수 및 볼이 있는 곳과 그 주변에 더 강한 압박을 가한다.

수비 단계

효과적인 지역 수비, 커버링, 패스 경로 차단, 볼을 가진 선수에 대한 압박 등을 통해 상대 선수의 실수를 유발하여 볼을 소유할 수 있는 가능성을 높인다.

수비-공격 전환기

압박이 느슨한 공간으로 볼을 빠르게 이동시킴으로써 상대 팀의 무너진 수비 구조를 활용하여 득점하기 위해 빠르게 공격한다.

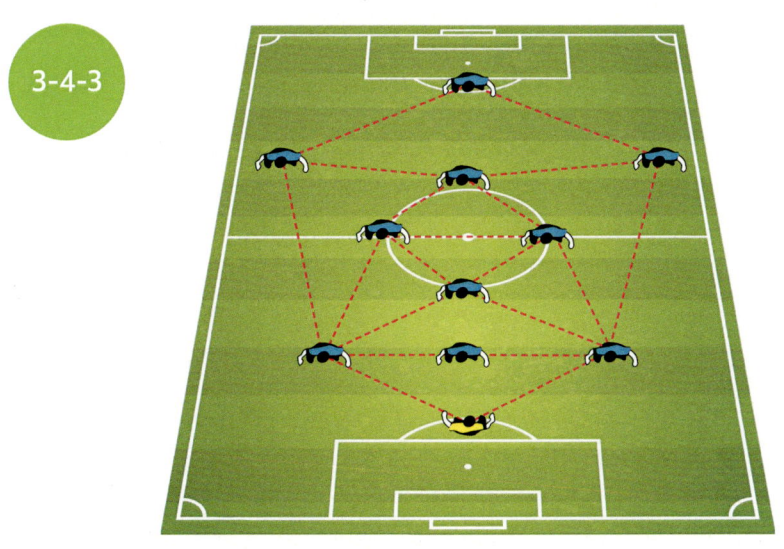

그림 4-10 4-3-3, 4-4-2, 3-4-3 시스템의 공격 구조 및 패스 경로

(3) 구조적 조직의 단계

올리베이라(2004)의 견해에 따르면 경기의 복합성은 네 단계로 구분할 수 있다.

① **선수 개인(individual)** : 구조적 조직에서 선수 개인의 차원
② **구역과 그룹(sectorial & group)** : 포메이션 내에 같은 라인에 있는 선수들 또는 다른 라인에 있는 2~3명의 선수들로 구성된 소그룹에 의한 플레이
③ **구역 간(intersectorial)** : 다른 구역에 있는 선수들 간의 관계
④ **전체 팀(collective)** : 상호 작용의 횟수를 복합성의 지표로 정한다면 선수 개인부터 시작해 전체 팀 차원 단계로 증가할 것이다.

이러한 구조의 단계는 운용하는 구조에 따라 향상되기도 하고 제한되기도 하는 상호 관계성과 관련 있다. 구조가 달라지면 조직의 수준도 달라지고 개인의 플레이에 영향을 미치며, 결과적으로 팀의 전체 플레이 수준에도 영향을 미친다. 포지션에 기반한 플레이 구조는 전체적인 움직임 안에서 발생하는 기능에 따라 좌우되기 때문에 단순한 선수의 포지션보다 더 중요하다.

다른 한편으로, 구조는 선수들의 역할에 따라 포지션을 결정하는 일종의 참고 기준이고 플레이 방식은 주어진 상황에 따라 달라지기 때문에 우리는 구조를 단순히 종이 위에 그려진 참고사항으로 강조해 왔다. 따라서 플레이 원칙은 구조와 함께 구조의 역동적인 움직임에 의해 개선될 수 있다.

다음의 시스템화된 예시들은 선수들 간의 각기 다른 상호 관계를

구조화하고 조직화하는 데 도움을 줄 것이다. 경기 단계를 적절히 정의 내린 후에, 선수들이 경기의 각 단계에서나 단계가 바뀔 때 그들이 정확하게 무엇을 해야 하는지 배울 수 있도록 해야 한다. 이러한 관점에서 경기 모델을 구축할 때 또 다른 중요한 점은 플레이의 대원칙과 부원칙이다.

구조적 조직 1단계 : 선수 개인

- 플레이의 하위 원칙(그림 4-11)
- 경기의 각 단계별로 각각의 포지션에 따른 역할과 책임
- 공격 예시 : '포지션에 따른 이점'을 만들어내는 것이 중요
- 수비 전환 예시 : 공격으로부터 수비 자세로의 전환
- 수비 예시 : 정확한 각도와 스피드로 압박하기
- 공격 전환 예시 : 첫 패스의 확실한 성공 – 쉽고 안전한 플레이

그림 4-11 구조적 조직 1단계 : 선수 개인

구조적 조직 2단계 : 구역 및 그룹

- 플레이의 부원칙과 하위 원칙
- 경기의 각 단계에서 각각의 라인이 갖는 역할과 책임
- 공격 예시 : 오버래핑하여 달리기(바깥쪽과 안쪽)
- 수비 전환 예시 : 효율적 압박과 커버플레이를 위한 의사소통

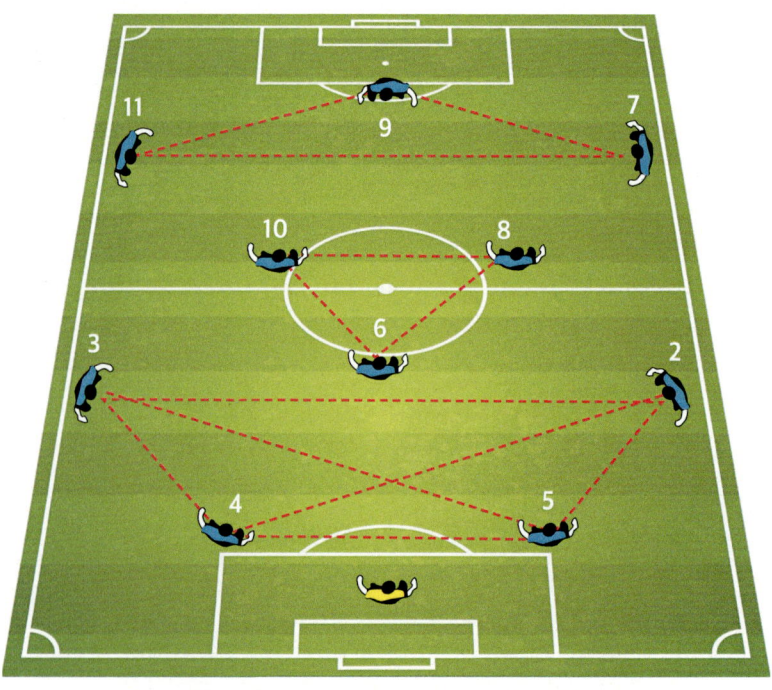

- 수비 예시 : 커버플레이
- 공격 전환 예시 : 넓고 깊은 공간을 활용하는 오픈 패스
- 두 번째 그림은 구역이나 그룹으로 나누어질 수 있는 방법들을 보여 준다.
- 2~3명의 선수로 구성된 작은 그룹의 역할과 책임(그림 4-12)

그림 4-12 구조적 조직 2단계 : 구역과 그룹

구조적 조직 3단계 : 구역 간
  - 플레이의 대원칙과 부원칙
  - 경기의 각 단계에서 2개 이상의 라인이 관여하는 역할과 책임
  - 수비 전환 예시 : '압박하는 지역' 밖에서의 상대방 플레이를 막는다.

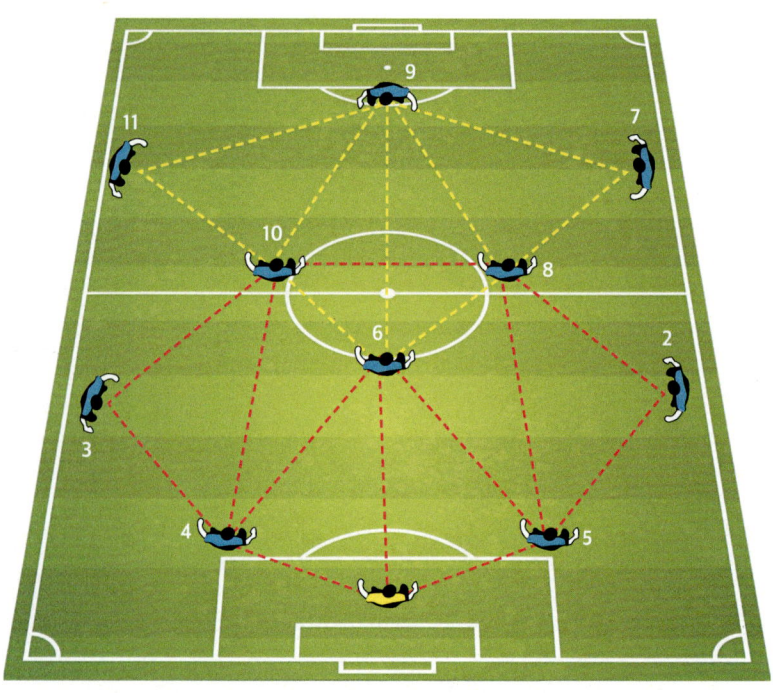

- 수비 예시 : 콤팩트한 수비 조직
- 공격 전환 예시 : 가능하다면 전방으로 플레이한다.
- 두 번째 그림은 팀이 다른 영역에 있는 선수들 상호 간에 어떻게 협력을 할 수 있는지를 보여 준다(그림 4-13).

그림 4-13 구조적 조직 3단계 : 구역 간

구조적 조직 4단계 : 팀 전체
 - 플레이의 대원칙
 - 경기의 각 단계에서 전체 팀에 대한 역할과 책임(그림 4-14)
 - 공격 예시 : 볼의 소유와 빠른 스피드의 볼 순환
 - 수비 전환 예시 : 우리 팀 라인 간에서 상대 팀이 플레이를 못
                 하도록 함
 - 수비 예시 : 플레이를 예측 가능하게 함. 안쪽으로 몰거나 바
              깥쪽으로 플레이하도록 압박함
 - 공격 전환 예시 : 세 개의 세로 라인에 걸쳐 빠르게 패스 연결

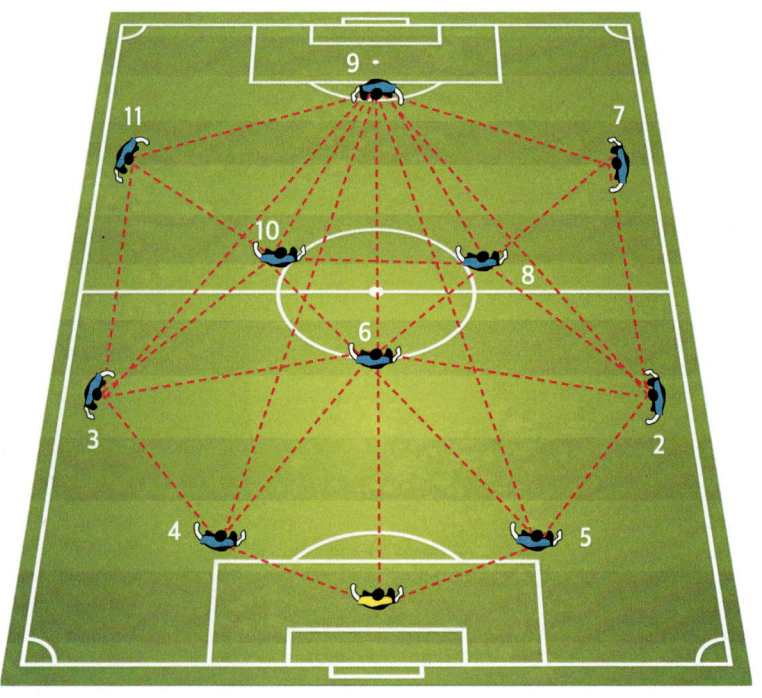

그림 4-14 구조적 조직 4단계 : 팀 전체

4) 경기 모델과 플레이 원칙

선수들은 팀으로서 하나의 움직임을 만들어내기 위해 각자의 아이디어를 공동의 목표를 향해 맞추어야 한다. 팀은 그들이 플레이하는 방식과 연관된 경기 상황에서 플레이할 수 있도록 해야 한다. 이를 위해 경기 모델을 연습하고 원칙들을 훈련한다.

플레이의 근본 원리는 경기의 각 단계에서 선수들이 경기장을 달리고 동료 선수나 팀 전체와 협력할 수 있도록 해주는 일종의 규칙이다. 따라서 플레이 원칙은 축구의 기본 목표를 추구할 수 있도록 하는 행동 규칙이다. 이러한 기본 원칙은 크게 두 가지로 구성되어 있다. 첫째는 일반적 활동에 필요한 일반 원칙general principles이고, 둘째는 공격과 수비 단계와 관련 있는 특별 원칙specific principles이다. 기본 원칙과 특별 원칙은 플레이 스타일과 상관없이 경기 자체에 내재되어 있다(그림 4-15).

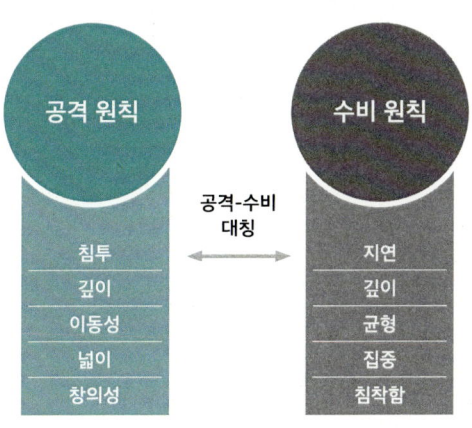

그림 4-15 공격과 수비의 원칙

(1) 공격 원칙

- **침투**penetration: 슈팅, 드리블, 러닝, 패스 혹은 2대 1 상황을 이용해 상대 선수들을 가로질러 볼을 전진시킨다.
- **깊이**depth: 경기를 정확히 읽고 효과적으로 소통하며 상대 진영으로 전진하는 데 필요한 안전한 옵션과 기회를 만들어냄으로써 팀 동료들을 지원한다. 또한 경기장 내의 특정 지역에서 수적 우세를 확보함으로써 팀을 지원한다.
- **이동성**mobility: 포지션의 변화와 볼이 없는 상황에서의 움직임을 통해 공격 기회를 만들고 특정 지역에서 수적 우세를 점한다.
- **넓이**width: 상대 팀의 수비 공간을 넓히고 공간을 만들기 위해 앞쪽의 넓은 공간에서 공격한다. 이를 통해 수비수가 1대1 상황에 처하도록 하고 볼이 전달될 수 있는 기회를 만든다.
- **창의성**creativity: 수비수의 견제를 받는 상황, 포지션이 중첩되는 상황, 대각선 방향으로 뛸 때, 상대방이 보지 못하는 곳으로 뛸 때 등에 발휘되는 개인의 재능이다.

(2) 수비 원칙

- **지연**delay: 수비 간격을 메우고 공간을 없애 공격 속도를 늦춘다. 이는 자연스럽게 수비 조직을 갖출 수 있게 한다.
- **깊이**depth: 효과적으로 소통하고 공격의 의도를 정확히 읽으며, 수적 우세를 가져감으로써 수비를 뒷받침한다.

- **균형**balance: 공격 전술을 파악하고 골대 근처의 위험 지역을 수비하면서 상대 공격수의 숫자와 동일하거나 더 많은 수비수를 투입한다.
- **집중**concentration: 좁은 공간 안으로 공격수들을 압박하거나 제한하여 더욱 예측 가능하고 쉽게 수비할 수 있도록 한다.
- **침착함**composure: 공격을 지체시키고 동료의 도움을 기다리기 위해 인내심을 갖는다. 슈팅 기회를 막기 위해 볼이 있는 쪽이나 골대 쪽에서 플레이하는 규율을 정한다.

(3) 경기 모델의 특별 원칙

플레이 원칙은 선수 개인, 구역, 구역 간, 팀 전체의 규모에서 특정 운동 동작과 패턴을 수행할 수 있도록 해준다. 특별 원칙은 팀의 플레이 스타일과 팀의 정체성에 따라 설계된다. 이러한 원칙들은 항상 플레이의 가장 근본적인 원칙들과 일치해야 한다.

경기 모델의 특별 원칙은 다른 수준의 복합성을 가지고 있다. 전술적 주기화에서는 복합성과 경기 단계에 따라 다음과 같은 용어들을 사용한다.

- 플레이의 대원칙 : 팀의 전체적인 활동과 관련이 있다.
- 플레이의 부원칙: 구역 내에서와 구역 간에 일어나는 활동과 관련이 있다.
- 플레이의 하위 원칙: 선수 개인의 활동과 관련이 있다.

경기 모델은 가장 중요한 대원칙과 부원칙, 하위 원칙으로 구성되며, 원칙들이 함께 어우러져 경기의 각 단계를 나타낸다. 각각의 원칙들은 팀의 정체성이 드러나는 기능적 구조를 표출하기 위해 서로 긴밀하게 연결되어 있다.

이러한 관점에서 코치는 경기의 각 단계에서 본인이 구현하고자 하는 플레이를 정확하게 인지해야만 한다. 팀으로 하여금 그들만의 독특함을 보여 줄 수 있는 방법이기 때문이다. 이를 위해 코치는 가장 먼저 일련의 활동과 그 활동들 간의 조합을 이루어내야 한다.

추구하는 플레이가 명확해지면 경기 모델의 원칙들을 선수들에게 명확하게 전달한다. 그래서 팀의 구성원 모두가 그들이 원하는 플레이가 무엇인지 정확히 이해하도록 한다. 같은 목표를 향해 나아가기 위해서 모두가 동일하게 이해하고, 이에 따라 일사불란하게 움직이는 것은 결코 쉬운 일이 아니기 때문에 충분한 시간이 필요하다. 그러므로 선수들은 배움의 의지가 있어야 하고, 코치는 선수들 모두가 공동의 목표를 향해 나아갈 수 있도록 확신을 주어야 한다. 이를 위해서는 팀 전체의 공통의 원칙을 반드시 정해야 한다.

이러한 점에서 경기 모델의 원칙들이 '열린 규칙'이라는 것을 반드시 숙지할 필요가 있다. 원칙은 단순히 선수들이 조화로운 형태로 활동하도록 안내하는 역할을 할 뿐이며, 선수들의 창의성과 자유로운 의사결정권은 항상 존중해야 한다(Bordonau & Villanueva, 2018).

경기 모델을 디자인할 때 플레이 원칙들의 적합성은 매우 중요한 요인이다. 각 단계에서의 활동은 때로는 상반되는 경우가 있을 수 있다. 예를 들면, 공격 단계에서 상대방의 구조를 무너뜨리기 위해서 볼의 소유권을 오래 가져가기를 원하는 상황을 들 수 있다. 이를 수행하기 위해 가장 중요한 것은 제1원칙에 따라 포지션별 플레이를 잘 해내는 것이다. 다시 말해 팀이 적절한 속도와 방향으로 볼을 돌리고자 할 때, 선수들은 항상 좋은 포지션에 위치하고 있어야 한다. 하지만 만약 수비 단계에서 코치가 선수에게 대인 방어를 지시한다면 선수들은 그들이 플레이하기에 익숙한 지역을 벗어나야 하고, 볼을 다시 빼앗았을 때 제대로 포지션을 잡지 못하게 될 뿐만 아니라 볼을 정확하게 다루지 못할 수도 있다. 이러한 부조화스러운 활동은 경기의 수준을 떨어뜨리게 된다.

경기 모델을 더욱 발전시키기 위해서는 원칙들을 세부적으로 분해하고 우선순위를 매기는 것이 무엇보다 중요하다. 팀이 대원칙에 따라 특정 플레이를 완전히 익히기 원한다면 대원칙을 다시 작은 단위인 부원칙과 하위 원칙들로 자세히 나누어야만 한다.

(4) 대원칙, 부원칙, 하위 원칙의 예시

예를 들어, 수비에서 공격으로 전환하는 과정에서 팀의 첫 번째 목표는 볼을 빼앗으려는 상대방을 피하는 것이다. 이를 위해서는 우선 압박하는 지역으로부터 볼을 밖으로 돌리기 위해 부원칙을 고려해야 한다. 이때 다음 두 가지 선택을 할 수 있다.

첫 번째 선택은 팀이 공격 단계로 진입하는 동안 선수들이 운동장에 흩어져서 적절한 대형을 갖출 수 있는 시간을 벌 수 있도록 옆이나 뒤쪽으로 한두 번 안전한 패스를 하는 것이다.

두 번째 선택은 상대방의 순간적인 혼란을 틈타 빠르게 역습을 시도하기 위해 상대방의 수비 진영으로 곧바로 향하거나 수비 뒷 공간으로 플레이하는 것이다.

따라서 다음과 같이 결론지을 수 있다.

- 대원칙 : 압박 지역으로부터 볼을 밖으로 돌린다.
- 가능한 두 가지 부원칙 : 우리 팀이 확실하게 볼을 소유하거나 역습을 시도한다.

어떤 부원칙을 선택하느냐에 따라 상황 전환 시 팀의 전체적인 움직임이 완전히 달라질 수 있고, 그 결과 경기 모델은 특정한 형태를 갖게 될 것이다. 여기서 우리가 원하는 경기 모델을 만들 때 플레이 원칙들을 세분하고 단계적으로 나누는 것이 왜 중요한지를 알 수 있다.

5) 경기 모델과 선수의 역할

경기 모델을 구축할 때 중요한 것은 경기에 대한 선수들의 이해도이다. 선수들은 팀을 특정한 방향으로 이끌어가는 경기의 주연 배우이기 때문이다. 코치는 선수들이 갖고 있는 경기에 대한 지식보다 높은 수준의 것들을 빨리 습득해야 하며, 선수들의 능력과 특징까지도 파악해야 한다. 즉, 선수들의 수준뿐만 아니라 현재의 상태나 팀 내의 위치 등에 대해서도 잘 파악하고 있어야 한다.

예를 들어 고참 선수들을 훈련시킬 때에는 신인 선수들과 같은 방식으로 대해서는 안 된다. 이와 마찬가지로, 세계적 수준의 선수를 아마추어 선수와 같은 방법으로 트레이닝해서도 안 된다. 또 경기 문화와 경험이 다른 선수들을 지도할 때는 자신의 생각과 같은 선수들을 지도할 때와는 다르게 지도해야 한다. 코치는 가능한 한 최선의 방법으로 경기 모델을 수행하고, 자신의 아이디어를 실행에 옮기기 위해 다양한 접근법과 전략을 택해야 한다.

경기 모델은 반드시 선수들의 능력을 최대한 향상시키고 선수들이 갖고 있는 특징이 잘 부각될 수 있어야 한다. 경기 모델을 발달시키기 위해 선수들의 신념 또한 매우 중요한 요소이기 때문에 코치는 선수들이 특정 움직임의 중요성을 인식하게 만드는 전략을 사용해야만 한다. 결론적으로 말해 경기 모델의 구축은 코치, 선수, 그리고 팀 자체가 모두 참여하는 과정을 통해서 가능하다. 팀과 선수 개인이 바라는 점과 실제 경기에서 일어나는 상황에 대한 코치의 끊임없는 고민이 트레이닝 과정을 지속할 수 있는 원동력이다.

선수들의 특징과 관련하여 선수들은 반드시 팀이 활용하는 플레이 원칙과 구조에 적절하게 녹아들어야 한다. 이와 관련하여 FC 포르투 시절 조제 무리뉴 감독은 다음과 같이 말했다.

"선수 개인의 특징은 매우 중요한 요소이다. 우리 팀에는 다른 선수들보다 상대 팀을 전방에서부터 압박할 수 있는 방법을 더 쉽게 찾는 선수들이 있다. 이것이 가능한 이유는 이 선수들이 가진 성향이 이러한 전술과 잘 어울리기 때문이다."

이와 더불어 플레이의 원칙과 관련해서 다음과 같이 언급하였다.

"나는 선수들에게 바라는 플레이에 대해서 설명하고 그들에게 선택권을 준다. 그리고 선수들이 의사결정 과정에 참여하고 있다는 기분을 느끼게 한다. 또한 선수들이 경기 중에 발생하는 문제에 대해서 스스로 새로운 해결책을 찾을 수 있도록 한다."

전술적 주기화 방법과 그것의 방법론적 원리에 대해 분석할 때, 선수 개인의 발달에 대한 잘못된 판단을 할 수 있다는 비판이 제기될 수 있다. 중요한 점은 명확한 경기 모델을 구축하고 그 모델에 대한 정의를 내리는 것이 마치 선수들이 사전에 기획된 구상에 따라 로봇처럼 움직여야 한다는 뜻은 아니라는 것이다. 반대로, 명료한 경기 모델을 구축하는 주된 목표는 선수들이 가진 불확실성을 최소화하는 것이다. 이러한 불확실성은 경기 중에 선수들이 자신의 창의성을 발휘하는 데 더 많은 시간을 할애하도록 하기 때문이다.

프레드에 따르면, 전술적 주기화가 주목하는 부분은 선수들의 특징을 고려하는 플레이 원칙을 선별하는 것이기 때문에 전술적 주기화 트레이닝보다 더 개별화되고 개인적인 효과가 있는 트레이닝 방법은 없다. 이러한 원칙들은 선수들 각자가 자기의 포지션에서 맡은 기능을 수행할 때 선수들 스스로 도입하고 수정한다. 따라서 포지션과 역할이 다르거나 상호 보완적일 때, 우리가 정말로 해야 하는 것은 트레이닝 자극을 개인화하는 것이다.

코치는 선수들이 그들의 특정 움직임이 얼마나 중요한지를 인식할 수 있도록 하는 것이 중요하다. 이것이 선수들의 잠재력을 최대로 발휘할 수 있게 하는 유일한 방법이기 때문에 코치는 전략적으로 이러한 방법을 사용해야 한다. 선수들은 전체 과정에서 운전자 역할을 하고, 자신들의 신념과 행동을 통해서 경기 모델을 발전시켜

나가는 것이다.

  무리뉴 감독은 모든 선수는 경기 상황에서 팀 동료들이 각자의 포지션에서 조직화된 배치 형태 geometrical configuration를 만들려고 한다는 것을 반드시 알아야 한다고 말했다. 이것을 인지하게 되면 동작을 예측하고, 팀과 개인 차원에서 더 빠르고 효율적으로 생각할 수 있도록 해준다는 것이다. 이러한 공통의 이해를 바탕으로 선수들은 팀 동료 선수들의 생각과 움직임을 예측하고 판단하는 데 소모되는 정신적 에너지를 상대 선수에게 집중할 수 있게 된다.

  경기 모델과 관련하여 선수들은 특정 포메이션과 몇몇의 플레이 원칙들에 기반해 포지션별 플레이를 완벽히 익혀야 한다. 이와 함께 경기의 각 단계에서 나머지 팀 선수들이 어떤 움직임을 갖고 있는지를 머릿속에 그리고 있어야 한다.

3. 전술적 주기화의 방법론적 원리

"펩에게 승리란 좋은 플레이의 결과이다."
- 펩 과르디올라 감독의 지휘 하에 있었던 티에리 앙리 선수의 말

전술적 주기화의 효과를 거두기 위해 트레이닝을 할 때 고려해야 할 고유의 방법론적 원리는 〈그림 4-16〉과 같다.

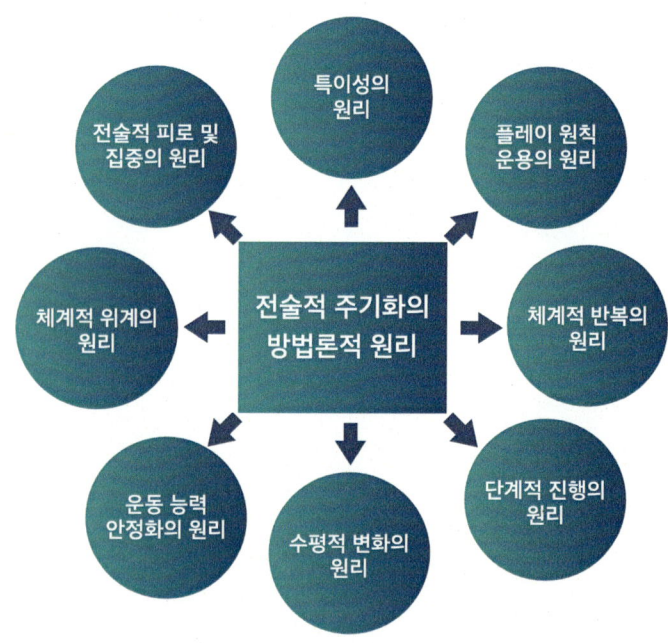

그림 4-16 전술적 주기화의 방법론적 원리(Bordonau & Villanueva, 2012)

1) 특이성의 원리

모든 트레이닝의 목표는 선수들의 경기력 향상이어야 한다. 이와 함께 모든 연습은 경기와 연관되어야 한다. 특이성의 원리 Principle of specificity(전문성의 원리 또는 구체성의 원리)가 가장 중요한 원리가 되는 이유이다. 특이성의 원리는 모든 트레이닝이 스포츠와 관련 있어야 하고, 해당 스포츠 경기에서 이루어지는 상황이 되어야 한다는 것이다. 때때로 지나치게 단순한 연습이 환영받지 못하는 이유는 경기 상황과 구체적으로 연결되지 못하기 때문이다. 그러므로 모든 연습은 경기 모델로부터 가져오는 상황의 시뮬레이션이 되어야 한다.

전술적 주기화에서 가장 중요한 원리가 특이성의 원리일 것이다. 경기의 모든 측면 간의 관계가 영구적이고 훈련 활동이 경기 모델을 구체적으로 나타낼 때 이 특이성의 원리가 대두된다. 따라서 특이성의 개념이 훈련 과정을 전체적으로 이끌고 지도하게 된다. 훈련 활동의 특징(예: 선수들의 수가 많든 적든, 훈련 공간이 넓든 좁든)에 관계없이 선수들은 늘 플레이 원칙을 배우고, 실제 경기에서 이를 적용할 수 있어야 한다.

특이성의 원리는 훈련 중 선수들이 운동의 목표와 목적을 이해하고 높은 집중도를 유지하며 코치의 개입이 적절해야만 충족될 수 있다. 이와 함께 플레이 원칙을 실제로 경기에서 운용하게 되는 경기 모델과 연계할 수 있어야 한다.

2) 플레이 원칙 운용의 원리

"가장 어려운 것 중 하나가 모든 측면을 고려하면서도 경기 모델의 플레이 원칙을 개선시키는 최우선의 목표를 잊지 않고 우리의 플레이 스타일을 운용할 수 있게 만드는 것이다."
― 무리뉴 감독

코치는 팀의 정체성과 움직임의 패턴을 나타내는 역동적인 활동에 관심이 있기 마련이다. 이러한 패턴을 실현시키기 위해 모든 훈련 활동은 경기 모델의 플레이 스타일과 특이성의 개념과 관련되어야 한다. 만일 플레이 스타일을 고려하지 않고 훈련 활동을 설계한다면, 원하는 방향의 적용과 정반대의 결과를 가져올 수 있고, 원하는 지식을 얻고자 할 때 오히려 방해를 받을 수 있다. 훈련이 우리가 원하는 플레이 방식과 경기의 불확실성, 그리고 예측 불가능성을 나타낸다는 것을 명심해야 한다. 모든 훈련 활동은 선수들이 경기에서 해야 할 원칙을 생각하며 실행하는 형태로 이루어져야 한다. 코치의 개입은 활동의 구체성을 긍정적 또는 부정적인 방향으로 촉진시키는 만큼 그 활동을 안내하는 핵심적인 역할을 한다.

경기 모델과 전술 원칙에서 플레이 원칙 운용의 원리 Principle of making tactical principles of play operational는 매우 중요하다. '경기에 대한 생각이 무엇인가? 원하는 행동을 훈련하기 위해 어떠한 연습 방법을 사용할 것인가?' 등 경기 모델의 대원칙을 훈련과 경기에서 구체적으로 운용할 수 있어야 플레이 원칙의 운용 원리를 충실히 적용하는 트레이닝이 될 수 있다.

3) 플레이 원칙의 체계적 위계 원리

플레이 원칙의 체계적 위계 원리Principle of hierarchical structure of principles of play는 경기 모델로부터 시작된 전술 원칙을 세분하는 원리로 전술 연습을 기본 원칙으로 나누어 단계적으로 훈련할 수 있게 만든다. 경기 모델의 원칙은 대원칙, 부원칙, 하위 원칙으로 구성되고 체계적 구조가 잘 정리되면 될수록 선수들이 원칙을 적용하기 쉬워진다(그림 4-17).

플레이 원칙은 연관된 여러 변수가 뒤따르는 복합적 개념이다. 전술적 주기화는 그 복합성을 줄이기 위해 여러 부분으로 나눈다. 즉 플레이 원칙은 부원칙과 그 아래의 하위 원칙들로 나뉜다. 그렇게

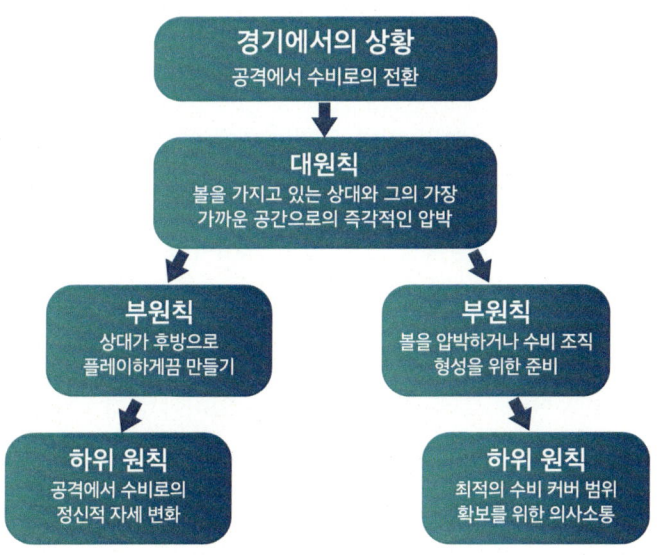

그림 4-17 플레이 원칙의 체계적 위계 원리(Bordonau & Villanueva, 2012)

하는 목적은 선수들이 더 잘 이해할 수 있도록 하는 데 있다. 이러한 플레이 원칙의 분해 과정은 경기 모델의 플레이 스타일과 체계적 관점에서의 경기 전체를 고려해 신중하게 이루어져야 한다.

경기 모델의 구체적인 원칙은 경기의 네 가지 주요 순간 중 하나와 직접적으로 연관이 있다. 모든 플레이 원칙이 대등한 위치에 있는 것은 아니며, 그 체계에서 위계가 발생한다. 훈련 과정 중에 원칙의 중요성은 경기 모델의 목적과 직접적 관련이 있다. 어떤 원칙은 그 목적과 의도에 따라 다른 원칙보다 그 가치와 중요성이 가중된다. 경기 모델에 따른 모든 원칙을 코치가 선수들에게 어떻게 확실히 요구하는지에 따라 팀의 정체성과 경기에 대한 코치의 구상이 달라진다(Tamarit, 2007).

4) 특이성 원리의 수평적 변화 원리

특이성 원리의 수평적 변화 원리Principle of horizontal alternation in specificity는 트레이닝 과정에서의 운동 강도와 운동 형태 등의 전문적 조정을 의미한다. 수평적 변화를 통해 트레이닝은 신체가 항상 적절하게 회복할 수 있도록 설계되어야 한다. 이를 통해 선수들이 다음 경기를 위해 신체적으로나 정신적으로나 잘 회복할 수 있도록 주 단위의 단주기microcycle 트레이닝을 조절할 수 있어야 한다.

이 원리는 각각의 상황에 따른 훈련과 회복의 교차를 고려한 규칙적이고 고정적인 주별 계획의 필요성과 관련 있는데, 전술적 주기화와 생리학적 측면의 연관성과 중요성을 강조한다.

〈그림 4-18〉과 같이 일주일에 한 번 경기를 하는 경우, 3일의 주요 체력 훈련일에 체력 요인을 달리하여 훈련하는 것이다. 3일의 중점 훈련일에 근력(수요일), 지구력(목요일) 또는 스피드(금요일) 중 한 가지를 우선순위로 하고, 일주일 중 같은 체력 요인 트레이닝을 이틀 연속으로 하지 않는다. 주된 목적은 전날의 운동을 다음날에도 하여 동일한 신체 단련 운동량이 지나치게 많아지는 것을 막음으로써 몸이 회복할 시간을 주는 것이다. 주가 되는 신체 단련 활동을 일주일 동안 교체해 가면서 함으로써 몸의 최소한의 부분이라도 회복을 하게 하는 것이다. 우선순위를 매기고 일주일의 주된 체력 요인 트레이닝을 교대로 하는 것은 동일한 훈련 세션 내에서 운동을 바꿔 주는 것(종적)이 아니라 일주일 단위로 수평적 교체를 해주는 것이다. 모든 훈련일의 전술적 목표는 상황에 따른 팀의 구체적 요구에 따라 달라질 수 있으나, 일주일 중 주어진 체력 훈련 요일의 목표는 일정하다. 따라서 전술적 주기화의 수평적 변화 원리의 적용은 생리학적 측면에서 축구에 맞춤화된 훈련과 회복의 연속체로서 생물학적 체계를 형성할 수 있게 만든다.

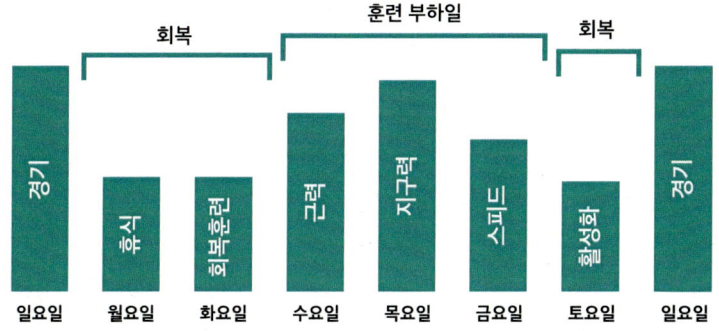

그림 4-18 표준 주간 트레이닝 양식(Bordonau & Villanueva, 2012)

5) 운동수행능력 안정화의 원리

안정적인 운동수행능력을 성취하는 것은 프로스포츠에서는 특별히 중요하다. 전통적인 관점에서 운동수행능력이라는 개념은 주로 양적이고 생리적 능력에 대한 평가를 중심으로 형성되어 왔다.

축구에서 트레이닝 계획과 주기화는 그 시즌 기간이 긴 것으로 인해 운동수행능력 안정화Performance stabilization라는 개념에서 필수적인 요소이다. 이러한 관점에서 볼 때 "체력적으로 잘 준비되었다"는 것은 "플레이를 잘한다"는 것이며, "플레이를 잘한다"는 것은 경기 모델의 목적에 맞게 경기장에서 선수가 자신의 의무를 다했다는 뜻이다.

팀과 개인의 운동 성과의 기반이 되는 것은 기본 목표인 팀의 조직과 체계이다. 따라서 실제로 중요한 것은 결과의 일관성을 보장하기 위해 팀이 지속적으로 높은 수준의 경기를 보여 주는 것이다.

최적의 운동수행능력 수준을 안정시키는 것은 표준이 되는 주간 계획을 세우고 유지함으로써 이루어진다. 그러므로 시즌 중에는 훈련 내용, 회복 계획, 훈련 단위의 수와 길이를 거의 바꾸지 않고 진행한다. 축구 수행력과 트레이닝은 대회나 경기 등과 분리할 수 없으므로, 플레이의 양보다는 질의 관점에서 접근해야 한다. 또한 공격과 수비 활동을 늘 고려하고, 이 두 활동을 이어주는 역동성 또한 함께 고려한다. 이러한 방식을 통해 운동수행능력 안정화의 원리를 활용하는 것이다(그림 4-19).

그림 4-19 수평적 변화 원리와 운동수행능력 안정화 원칙의 상호 작용
(Bordonau & Villanueva, 2012)

6) 조건부 연습의 원리

선수들의 움직임은 경기 중에 자주 일어나므로 그 빈도에 따라 훈련하는 것이 매우 중요하다. 경기 중 중앙 수비수의 움직임과 윙어의 움직임이 분명히 다른 것처럼, 경기 중의 활동이나 기술적 동작에 대한 트레이닝이 훈련에서도 같은 강도와 빈도로 나타나야 경기력 향상으로 이어질 수 있다. 이것은 전술적 주기화 방법이 경기에서의 움직임과 같은 움직임을 트레이닝하는 것에 대한 설명이 될 것이다.

모든 연습은 이상적 전술에 기초해 이루어지기 때문에 선수들은 각자 개인의 역량과 포지션에 따라 행동하고 훈련해야 한다. 아마추어 축구나 길거리 축구에서는 포지션과 경기장 구역에 대한 구조적 생각이 없지만, 전술적 주기화에서는 모든 연습의 적용이 포지션별로 특별하다(그림 4-20).

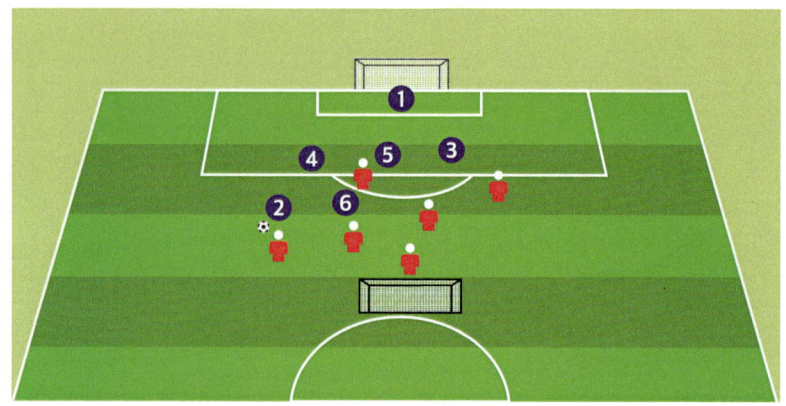

그림 4-20 전술적 주기화의 포지션 적용 연습
전술적 주기화에서 모든 훈련은 포지션별로 적용되어야 한다.

경기 모델의 특정한 대원칙이나 부원칙을 가르치거나 개선하고자 할 때는 적절한 운동을 고안해 내는 것이 가장 바람직하다. 특정 플레이 원칙과 관련된 움직임이 우리의 주요 관심사라면 트레이닝을 할 때 그 움직임이 더 자주 나타나게 해야 한다.

예를 들어, 정식 경기에서 우리의 주요 관심사인 움직임이 더 빈번하게 나타나 선수들이 이에 대한 이미지를 기억할 수 있게 하는 것이다. 따라서 트레이닝의 구성(플레이 공간, 선수들의 수, 규칙, 목적)은 '조건부 연습Conditioned practices'에 따라 이루어져야 한다(그림 4-21). 예를 들어, 팀의 수비에 부담이 되고 지속적으로 수비하는 연습을 설계하면 수비 조직과 관련된 행동이 향상될 것이다.

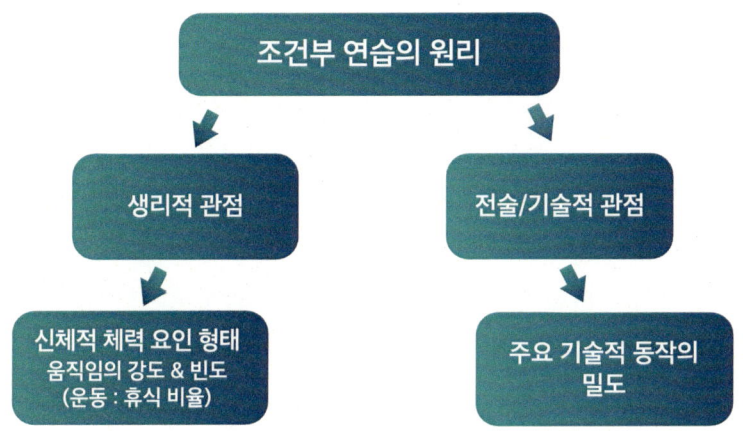

그림 4-21 조건부 연습의 원리(Bordonau & Villanueva, 2012)

7) 단계적 진행의 원리

단계별 진행의 원리 Principle of complex progression 는 경기 모델 복합성의 축소 원칙 the reduction principle 으로도 이해될 수 있다. 이는 경기 모델로부터 계획된 단계에 따라 진행되어야 한다. 경기 모델의 체계적 구조는 선수들이 적정 학습 과정을 만들어 가기 위해 세심히 살펴야 한다. 이 원칙은 체계적 위계의 원리와 관련이 있으며, 일반적인 진행 과정이나 전문적인 것, 또는 운동량·강도와 관련이 없다.

전술적 주기화에서 단계별 진행 과정의 개념은 특정 플레이 방식을 습득하는 것을 일컫는다. 이러한 단계별 진행 과정은 시즌 중, 일주일 동안(마지막 경기와 다음 경기 사이), 그리고 매 트레이닝 세션과 같이 세 단계의 다른 수준으로 나타나지만 서로 연관되어 있는 복합적 진행 과정이다.

훈련 시즌 초반에는 플레이의 기본 원칙(수비 체계, 공격 체계, 수비-공격 전환, 공격-수비 전환의 네 가지 경기의 주요 단계)에 대해 소개한다. 선수들이 경기의 4단계와 관련된 원칙을 언제 적용해야 하는지 알고 설명할 수 있다면 코치가 설계한 경기 모델의 구체적인 원칙을 더 쉽게 이해할 것이다. 두 번째 단계에서는 '우리의' 경기 모델의 구체적인 원칙을 고려한다. 이 단계는 두 시기로 나눌 수 있다. 첫 번째는 팀의 수비 체계로, 전술적 주기화에서는 수비 체계 완성에 우선적으로 집중해야 한다고 강조한다. 좋은 수비 균형이 갖춰지면 팀은 자신감과 일관성을 가질 수 있어 코치들이 다른 게임 상황(적절한 수비로 더 나은 공격을 하는 상황)으로 나아갈 수 있기 때문이다. 그리고 수비가 공격

보다는 더 쉽기 때문이기도 하다. 이후 코치들은 공격 체계와 같이 조금 더 복잡한 단계로 넘어갈 것이다. 축구에서 전환은 핵심이고, 이는 곧 팀의 공격과 수비 체계와 확실한 연관성이 있으므로, 코치들은 처음부터 이러한 전환 훈련을 시도해야 한다. 전반적인 논리 구조를 이해하기 위해서 복합적인 단계별 진행 과정의 원리를 특이성 원리의 수평적 변화 원리와 연결시켜야 한다. 이는 대원칙과 부원칙의 '구축 building up'과 '분해 disassembly', 그리고 팀과 선수들의 발전 과정에 따른 주간 계획의 위계를 일컫는 것이다.

이러한 방법론적 원리는 상호 작용하는 단기간(경기와 경기 사이)과 중·장기간(플레이 스타일/경기 모델)의 두 단계 계획을 통해 적용한다(그림 4-22).

그림 4-22 단계적 진행의 원리

8) 전술적 피로 및 집중의 원리

플레이에 집중하는 능력은 가능한 최고 능력 발휘에 중요한 역할을 한다. 머리가 피로할 때는 집중하기 힘들어지고, 운동 능력 발휘에 부정적 영향을 미친다. 두뇌와 신체는 긴밀히 연결되어 있으므로, 전술적으로 많은 것이 요구되는 운동을 할 때에는 전술적 피로도를 반드시 고려해야 한다. 이를 전술적 피로 및 집중의 원리 Principle of tactical fatigue & concentration라고 한다.

모든 것이 전술적 사고에서 시작되기 때문에 정신은 매우 중요하다. 선수들이 집중할 수 있는 능력은 축구 경기의 높은 복합성으로 인해 더욱 중요하다. 선수들은 90분간 계속해서 집중할 수 있어야 한다. 따라서 코치들은 선수들이 실제 경기 속도에 맞추어 트레이닝 하도록 요구해야 한다.

강도(Intensity) = 전술적 집중(Tactical Concentration)

오직 실제와 같은 강도의 트레이닝만이 선수들을 그들의 머릿속에 실제적·전술적 집중 수준에 이르도록 만들 수 있다. 이처럼 강도는 집중의 기본이다.

축구선수가 운동 성과의 정점에 이르기 위해서는 경기 중과 훈련 중에 모두 전술적으로 생각해야 한다. 즉, 선수들이 집중을 해야 한다는 것이다. 전술적 태도의 개발은 생각하는 태도와 빠른 의사결정 능력의 개발에서 비롯된다. 특정 기술과 전술적 판단 능력의 숙달은

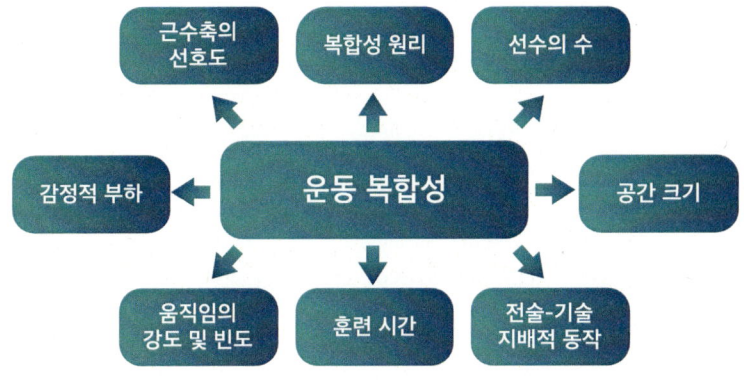

그림 4-23 운동 연습의 복합성에 영향을 미치는 요인

경기 상황에 얼마나 적합한가에 따라 결정된다. 한마디로 경기 처음부터 끝까지 높은 수준의 집중도가 요구된다는 것이다. 그러므로 강도는 추상적인 개념이 아니라 직접적으로 플레이의 대원칙과 부원칙과 연결되어 있으며, 잘 설계된 운동의 트레이닝은 앞으로 선수가 할 움직임과 생각까지 이어지게 된다. 선수들이 훈련 중 분석하고 판단해야 하는 변수가 많을수록 상황은 더 부담이 크고 강도는 높아질 것이다.

공간 활용 정도와 시간, 선수들의 수 등 여러 요인에 따라 트레이닝 세션의 복합성이 서로 차이 나기 때문에 그 강도도 매일 달라질 것이다(그림 4-23). 상대적인 최대 강도의 개념은 선수들의 체력 상태, 회복 정도 및 트레이닝 일정 등에 의해 영향을 받는다. 일요일에 경기를 한 팀의 선수들은 월요일과 화요일에는 신체적, 정신적, 그리고 감정적으로 완전히 회복되지 않았을 것이다. 그러므로 화요일 트레이닝 세션의 힘든 점을 극복하기 위해서는 선수들이 최고 강도의 집중력으로 훈련을 해야 한다.

그러나 이러한 화요일의 최대 강도는 선수의 회복도가 증가했으나 수요일과 목요일의 훈련 세션에서 더욱 증가된 복합성과 강도를 극복하기에는 충분치 않다.

그렇기 때문에 전술적 주기화의 관점에서, 강도는 집중력 면에서는 항상 최고여야 하지만 선수들의 회복과 훈련 준비에 따라 상대적으로 조정될 필요가 있다. 선수들이 회복됨에 따라 증가한 수요일이나 목요일의 복합적 트레이닝을 위해서는 보다 높은 집중력이 요구되는 것이다(그림 4-24).

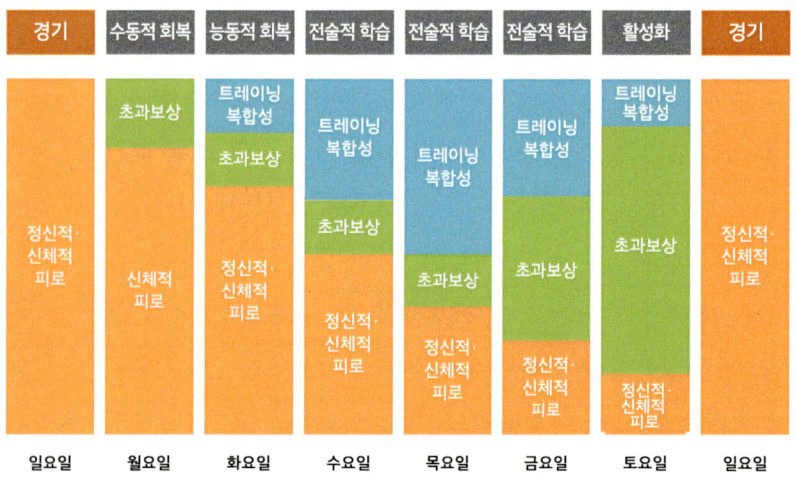

그림 4-24 주간 트레이닝 일정과 정신적·신체적 피로도 및 초과보상의 변화

훈련 중 높은 수준의 집중력은 곧 실수 발생 확률의 감소로 이어진다. 높은 집중력은 또한 더 많은 것을 배울 수 있게 한다. 그러므로 코치는 훈련 중 선수들이 늘 최대로 집중할 수 있게 방법을 강구해야 한다.

전술적 주기화 트레이닝의 방법론적 원리를 적용할 때 피해야 할 실수 10가지

1. 경기 모델의 기술(description)이 구체적으로 표현되지 못한 경우
2. 계획이 애매모호한 경우
3. 경기 모델의 순서가 정확하지 않은 경우
4. 코칭이 구체적이고 전문적이지 않은 경우
5. 선수들의 트레이닝 부하가 너무 약한 경우
6. 실제 경기의 전술적이지 않은 개념의 이해와 준비를 위해 지나치게 많은 시간을 허비하는 경우
7. 지도자의 지식이 부족하여 신뢰를 잃은 경우
8. 너무 단순한 트레이닝 구조인 경우
9. 플레이 원칙이 훈련되지 않고 단순한 연습 방법을 트레이닝하는 경우
10. 트레이닝 과정의 향상과 모니터링이 부족한 경우

4. 경기 4단계의 전술적 운용

1) 공격 단계(팀 철학 : 경기를 주도한다)

공격적으로 상대를 압도하기 위해 볼 점유율을 높이는 팀 철학을 수립한다고 가정한다면, 경기 모델의 가장 중요한 초석은 공격 단계가 된다. 주요 목표는 상대 팀 수비를 분열시키고 균형을 잃게 만드는 공격 패턴을 만드는 것으로, 이는 상대 수비진이 조직을 갖추고 있을 때 필요하다. 이를 위해 다음과 같은 특징의 역동적 공격을 만들어야 한다.

- 공간을 활용하는 포지션 플레이
- 상대 팀이 압박 지역 pressing zone을 만드는 것을 사전에 차단
- 플레이 통로 또는 패스 라인의 계속적인 변화
- 깊이와 넓이의 변화를 통한 볼 소유 및 순환
- 포지션 이동 (선수 간의 포지션 변화)
- 패스의 강도, 형태 또는 질적인 변화를 통해 볼 순환 리듬의 변화

이러한 조건은 일반적으로 좋은 위치의 포지션 플레이와 연결되기 때문에 깊이와 넓이의 공간을 최대로 활용하고, 볼 주위와 먼 곳의 공간을 차지하는 위치 선정을 해야 하며, 삼각형 또는 다이아몬드형의 다양한 패스 라인을 연결할 수 있는 포메이션을 만들어야

한다. 볼을 소유했을 때의 목표는 깊이와 넓이의 공간을 만들어 상대 수비의 균형을 무너뜨릴 수 있는 조건을 만드는 것이다.

공간을 만든다는 것은 곧 플레이 공간을 크게 하는 것 making the playing space big 이다. 이를 위해서는 모든 라인의 선수들이 패스를 주고받는 기술이 뛰어나야 한다. 특히 볼 순환을 주도하고 출발점이 되어야 하는 중앙 수비수와 골키퍼는 볼을 잘 다룰 줄 알아야 한다.

대각선 패싱 라인과 삼각형 포메이션

플레이 시스템의 구조적 조직과 선수들의 능동적 움직임으로 다양한 패싱 라인을 만드는 것은 볼 점유율을 높이는 데 매우 중요하다. 경기장 전체 수준에서뿐만 아니라 구역과 구역 간의 단계에서도 삼각형 형태의 포지션은 패스 연결 스타일의 플레이를 잘할 수 있게 만들어 준다. 삼각형 구조를 지속적으로 만드는 것은 볼을 가진 선수에게 세 개의 패싱 라인을 제공할 수 있게 도움을 준다. 이는 한두 개의 패싱 라인을 가진 선수보다 전술적 상황 판단을 쉽게, 그리고 더 잘할 수 있게 만든다.

플레이 속도

축구 경기의 시간적 차원, 즉 플레이 속도는 공간적 차원에 영향을 미친다. 플레이가 늦어지면 늦어질수록 상대 팀은 볼에 더 빨리 다가온다. 이는 그만큼 플레이 공간이 좁아진다는 뜻이다. 그러므로 상대 수비 조직이 균형을 잃어 신체적·정서적으로 압박을 받도록 빠르게 플레이를 해야 한다. 공격 1/3 지역에서는 상대 팀의 수비 선수가 더 많이 있기 때문에 공간은 더욱 좁아지고 패싱 라인은 고난도 기술의 정확성과 함께 더 날카롭게 이어져야 한다.

공격 1/3 지역

상대 골문에 접근해서 볼이 공격의 1/3 지역 안으로 들어갈 때가 가장 중요한 순간이다. 이때부터 득점 기회를 만들기 위해 약간의 위험은 감수해야 한다. 선수 개인 차원의 위험을 감수하는 것뿐만 아니라 상대 수비 조직의 균형을 무너뜨리고 공간을 만들기 위해 다른 공격수들도 때로는 위험을 감수하며 적극적으로 득점 기회를 만들어야 한다.

이러한 상황에서 상대에게 볼을 빼앗기는 경우, 측면 경로는 비교적 덜 위험하다. 중앙 공간의 균형과 보호를 위해 다음 행동을 준비해야 한다. 득점을 위해 공간에 침투하려고 할 때 적극적으로 가담해서 움직여야 하지만, 수비 균형을 지키는 것을 잊지 말아야 한다. 우리 골문으로부터 멀어졌을 때, 볼 점유와 선수의 포지션은 항상 균형을 유지해야 한다. 이것이 경기를 통제하고 주도하게 만들며 승리할 수 있게 만들기 때문이다.

부원칙은 특정 지역에서 득점하는 것과 관련되므로, 한 선수는 세컨드 볼 second ball을 위해 페널티 박스 밖에 위치하고 세 명의 공격수는 페널티 박스 안의 세 지역, 즉 앞쪽 포스트 front post, 페널티 지점 penalty spot, 먼 쪽 포스트 far post를 차지해야 한다. 먼 쪽 포스트 포지션은 볼의 이동을 읽고 움직일 수 있는 선수가 위치하도록 한다.

'볼 점유와 높은 속도의 패스 순환' 주제의 공격 단계의 대원칙과 부원칙 및 하위 원칙은 다음 〈그림 4-25〉에 나타난 바와 같다.

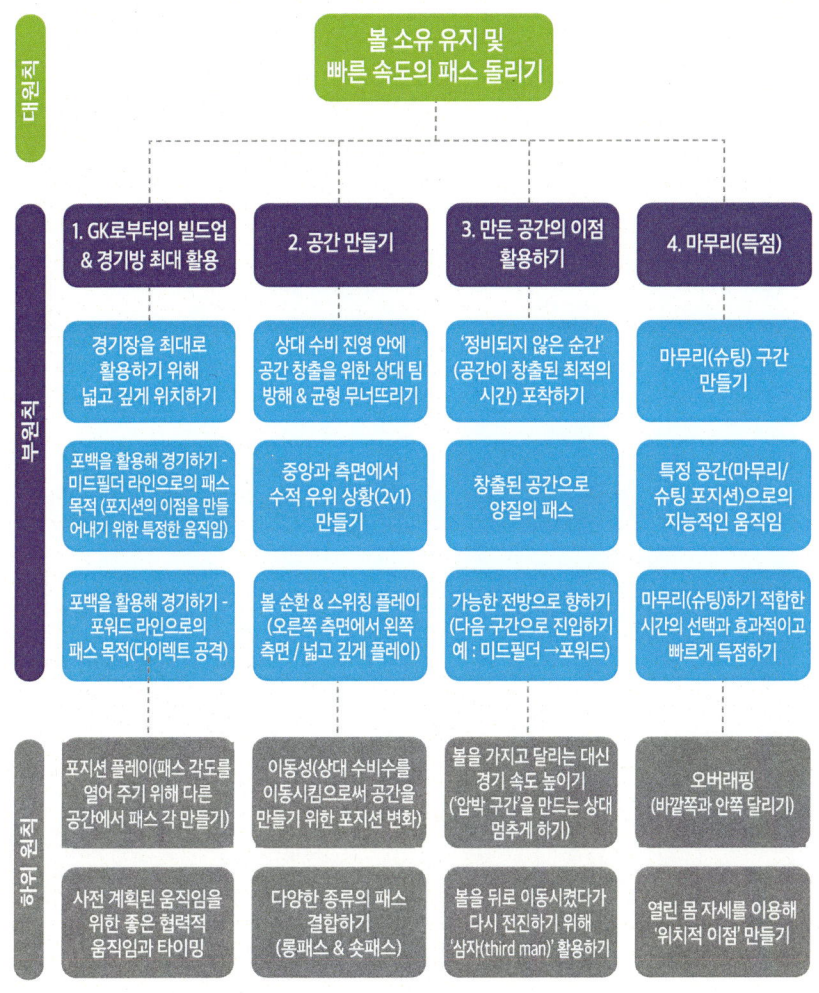

그림 4-25 공격 단계의 대원칙, 부원칙과 하위 원칙
(Bordonau & Villanueva, 2018)

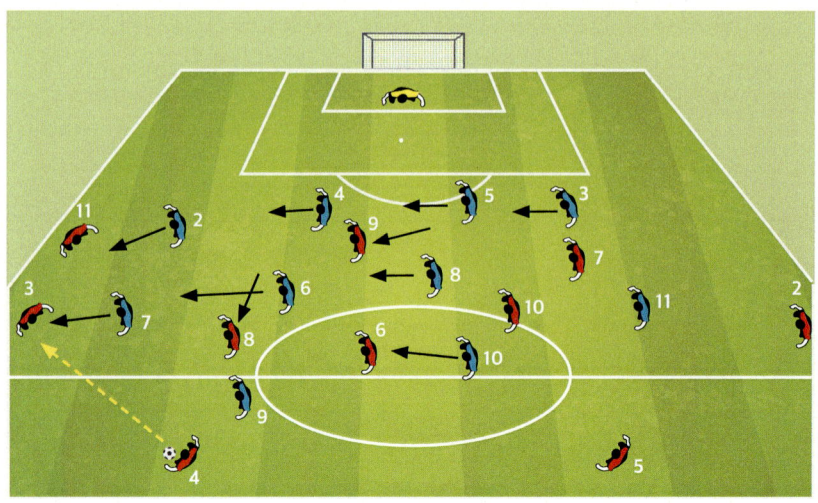

그림 4-26 공격형 미드필더의 전환 플레이(Switch Play)

〈그림 4-26〉은 공격형 미드필더의 전환 플레이를 보여 준다.

- 왼쪽 측면 풀백에게 패스가 된 경우, 상대방이 콤팩트하게 수비 블록을 유지한다.
- 볼 주위의 사용 가능한 공간이 제한된다.
- 공격형 피드필더(No. 8)가 내려서고, 최전방 스트라이커(No. 9)도 왼쪽으로 이동한다.
- 볼이 윙어(No. 3)에게 패스되면 상대 수비진이 강하게 압박한다.
- 공격형 미드필더(No. 10)가 지원하며 패스를 받을 수 있는 각도와 위치로 이동하여 패스를 받는다.
- 공격형 미드필더는 ①, ②, ③, ④ 네 위치에 패스할 수 있는 선택을 할 수 있다. 상대가 약한 곳으로 전환할 수 있는 가장 좋은 선택은 ②, ③이다.

2) 공격에서 수비 전환 단계

축구 경기는 볼을 점유하고 있을 때와 상대 팀이 점유하고 있을 때, 즉 공격과 수비의 연속적 과정으로 전개된다. 이러한 경기에서 가장 위험한 순간은 공격에서 수비로 전환되는 단계이다. 미드필드 플레이어는 공격 지원을 위해 전방으로 움직인 상태에서 수비를 해야 하기 때문이다.

역습 방어

역습 counter attacking이 효과적인 전술이라는 점을 고려하면, 좋은 팀은 상대의 즉각적인 전방으로의 전진을 막거나 늦출 수 있는 전환 단계의 기술을 발전시킬 방안을 찾을 것이다. 이를 위해서는 볼에 대한 즉각적인 압박으로 미드필드와 수비 라인의 균형을 포지션과 수적인 면에서 유지하며 상대 팀이 측면과 후방으로 패스하도록 유도해야 한다.

중요한 것은 이와 같은 지속적인 수비 조직이 빌드업 과정이나 공격 과정에서 유지되어야 한다는 것이다. 공격에서 수비 전환 단계 이후에만 수비를 하는 팀은 역습을 잘하는 팀의 공격에 의한 득점 장면을 쳐다볼 수밖에 없을 것이다.

공격에서 수비로 전환할 때 공격 포지션에서 적극적으로 공격에 가담한 선수들은 상대 선수의 움직임에 즉각 대응하지 못하거나, 동료 선수들을 커버플레이할 수 있는 위치에 있지 못하는 경우가 종종 있다. 이것이 수비로 전환할 때, 볼 근처에 있는 선수가 왜 즉각적으로 압박하는 것이 중요한지를 보여 주는 이유이다. 경기에서 공격과 수비의 전환은 계속 발생하게 마련인데, 역습 위험이 높거나 낮을지라도 볼을 빼앗겼을 때 어떻게 팀이 반응하는가에 따라 결과는 아주 달라진다.

압박

수비하는 팀이 전술적 선택을 잘하는 팀이라면 압박pressing은 효과적인 전술이 될 수 있지만, 때로는 위험을 초래하기도 한다. 압박은 수비 블록defensive block을 전방과 볼을 향해 이동시켜야 하므로 위험할 수 있다. 이러한 압박의 움직임에 선수들이 적절한 시점에 함께 반응하지 못한다면 수비 블록 안에, 또는 수비 블록 뒤, 때에 따라 측면 구역에 상대 팀이 공격할 수 있는 공간을 허용할 수 있기 때문이다.

특히 수비수들이 조직을 갖추지 못한 채 공격을 위해 전방으로 이동하는 경우, 빠른 빌드업 역습은 상대 팀에게 공격 기회를 허용할 수 있다. 압박하는 팀의 수비 뒷공간을 효과적으로 보호하기가 쉽지 않기 때문에 오프사이드 전술 off side tactics의 수비적 적용도 매우 중요하다. 골키퍼의 경우, 전진하여 위치하고 스위퍼 sweeper로서의 역할을 하는 것도 압박 수비 상황에서는 필요하다.

공격에서 수비 전환 단계의 대원칙

공격에서 수비로 전환하는 단계에서는 다음 세 가지 대원칙이 실제 활동에 적용될 수 있다.

- 상황에 따라 볼을 다시 빼앗아 공격하거나 역습하기 위해 볼을 압박한다.
- 만일 볼을 다시 빼앗는 것이 어렵다면, 상대의 공격을 지연시키고 우리 수비진이 조직을 갖출 시간을 얻는다.
- 수비 조직을 갖추는 시간을 가지면서 수비 단계를 빠르게 시작한다.

이러한 전환 단계의 원칙을 지속적으로 잘 적용하기 위해서는 사전에 수비 블록 위치를 어떻게, 어떤 위치에서 전개할지를 정해야 한다.

수비 블록 위치는 전방 수비 블록 High defensive block, 미드 수비 블록 Middle defensive block, 그리고 깊은 수비 블록 Deep defensive block 세 가지 형태가 활용된다.

미드 수비 블록의 장점과 단점

미드 수비 블록의 장점
- 볼과 골문 사이에 콤팩트한 수비 블록 형성
- 역습을 효과적으로 전개할 수 있음
- 수비 단계를 상대적으로 좁고 감당할 만한 공간에서 시작할 수 있음
- 동료 수비수와의 좁은 간격으로 수비 강도를 적절하게 유지할 수 있음
- 상대로 하여금 우리 골문에서 먼 지역에서 공격을 시작하도록 유도함
- 상대 팀에게 슈팅을 위한 좋은 위치와 공간을 내주지 않음
- 오프사이드 함정을 활용할 수 있는 가능성이 높음

미드 수비 블록의 단점
- 상대 팀이 자신의 진영에서 빌드업을 쉽게 시작할 수 있도록 함
- 전진하여 위치하는 골키퍼의 위치로 인해 상대 선수의 중거리 슈팅을 허용할 수 있음
- 우리 수비 뒷공간을 상대 선수들이 이용할 수 있음

다음 〈그림 4-27〉은 미드필드 지역 수비 블록의 재조직 플레이를 나타낸 것이다.

미드 수비 블록의 활용은 스트라이커(No. 9)를 제외하고 나머지 선수들은 우리 진영에서 수비를 하는 것이다. 포백 수비 라인은 페널티 지역으로부터 10~15m 전진하여 위치하고, 나머지 라인은 사전에 결정된 거리에 일반적으로 10~15m 정도의 거리에 따라 위치한다. 수비 뒷공간이 넓기 때문에 골키퍼는 전진하여 수비수를 커버하고 공간을 차지해야 한다.

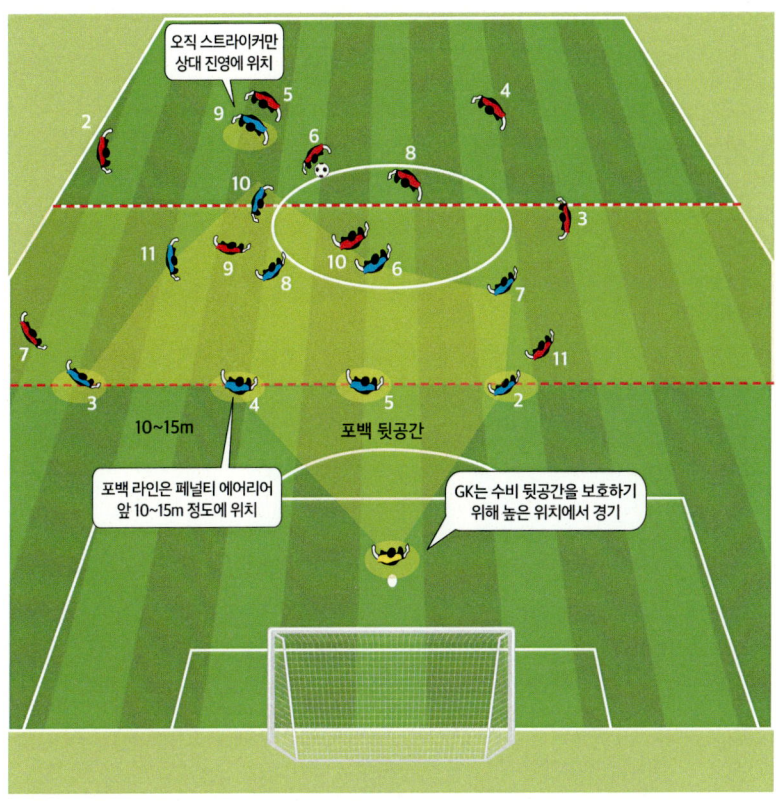

그림 4-27 미드필드 지역 수비 블록의 재조직 플레이

다음 〈그림 4-28〉은 공격에서 수비로 전환되는 단계의 대원칙과 부원칙 및 하위 원칙을 나타낸 것이다.

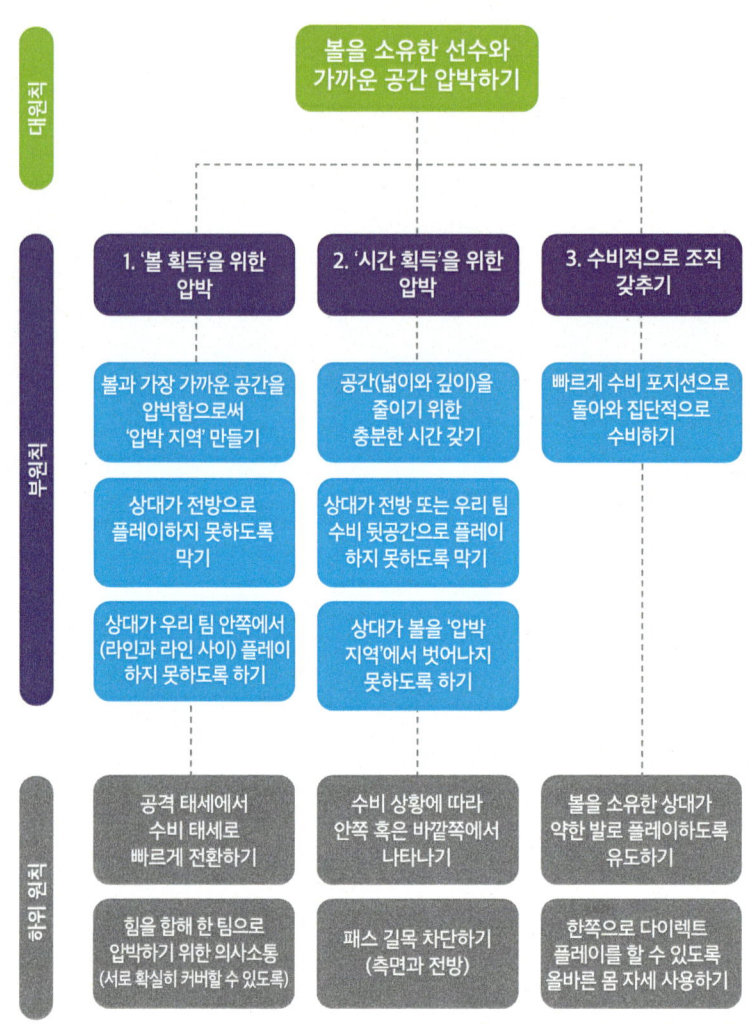

그림 4-28 공격에서 수비 전환 단계의 대원칙과 부원칙 및 하위 원칙
(Bordonau & Villanueva, 2018)

3) 수비 단계

수비 단계는 궁극적으로 영리한 방법으로 수비하는 문제이고, 상대를 압박하기 위해 공간을 줄이는 것이 목표이다. 공격 단계가 끝나고 볼을 빼앗기면 수비 체계를 갖추어야 한다. 이를 위해 공격에서 수비로 빠르고 효율적으로 전환해 이상적인 수비 포지션에 도달해야 한다. 이때 비로소 수비 단계를 발전시킬 수 있기 때문이다.

수비 단계는 경기의 다른 단계들과 연관되어 있다. 잘 조직된 지역 수비는 콤팩트하고 단단한 블록을 볼과 골문 사이에 형성하도록 만들어 준다. 이는 상대 공격수의 활동을 무력화하고, 전진하여 득점 기회를 만들려는 상대 팀의 공격을 방어하는 데 도움을 준다.

경기 중에 선수는 각자가 담당하는 지역에 위치하여 상대 선수가 그 지역에 들어오면 수비를 하게 된다. 볼을 가지고 있든 아니든 간에 그 지역에서 활동하는 상대 공격수를 무력화하는 것이다. 공격수가 그 지역을 벗어나거나 우리 팀이 볼을 점유하게 되면 그 선수를 떠나도 된다. 이처럼 그 지역에서 선수의 위치는 항상 볼의 위치에 따라 결정된다.

이처럼 지역 방어를 통해 볼 주변 지역에서의 수적 우위를 확보할 수 있고, 수비수 집단이 콤팩트한 블록으로 움직이면서 수비의 강도를 유지할 수 있다. 지역 방어 형태로 수비수의 이동과 노력이 좀 더 효율적이 되는 것이다. 좀 더 효율성을 높이기 위해서는 수비 지역이 수평적·수직적으로 작아져야 한다. 구역과 구역 간의 선수들 간격이 적정 수비 간격 optimal defensive distance 으로 축소되어야 한다는 것이다. 선수들은 항상 자신의 지역 안에서 활동하게 되므로 자신의 처음 포지션과 경기 상황에 따른 이동 포지션을 이해하여 수비 수행 능력을 향상시켜야 한다.

지역 방어의 12가지 장점

1. 그룹의 결속이 핵심 가치이다. 수비적으로 책임감 있는 팀이 된다.
2. 선수들의 움직임(체력적 노력과 결과)이 효율적이다.
3. 지속적인 수비 지원과 커버플레이의 적용을 돕는다.
4. 자신이 맡은 상대 선수를 압박하고 방어하기 위해 포지션에서 나오지 않아도 된다.
5. 수적 열세에서 수비할 수 있는 가장 좋은 방법이다.
6. 볼 주위에서 수적 우위를 만들어낼 수 있다.
7. 상대 팀의 공격을 위한 공간을 제한할 수 있다.
8. 상대 선수들이 횡적으로 horizontal passes in midfield 플레이하도록 유도한다.
9. 좋은 위치에서의 상대 공격수의 슈팅 기회를 감소시킨다.
10. 볼을 다시 빼앗거나 상대 선수 움직임을 효과적으로 예측하는 데 동료 선수들의 지원을 받을 수 있다.
11. 개인적 실수를 같은 라인이나 다른 라인의 동료 선수들이 즉각적으로 보완할 수 있다.
12. 선수들이 항상 자신의 수비 포지션을 알고 볼을 다시 빼앗았을 때 언제 어디로 공격할지를 알 수 있다.

수비 단계의 전술적 대원칙

수비 단계의 전술적 대원칙은 다음 세 가지로 요약할 수 있다.

- 지역 방어 zone defense
- 우리가 원하는 구역으로 상대 공격을 몰기
- 협력 압박 collective pressing

협력 수비 형태

수비 단계로 접어들면 협력 수비 형태를 만드는 것이 주요 목표이다. 볼을 중심으로 공간에서 수적 우위를 만드는 방법을 찾아야 한다. 우리가 수적 열세인 상황에서도 적절하고 좋은 포지션 플레이를 통해 상대 공격수의 행동을 제대로 예측하고 수비를 잘할 수 있어야 한다. 수비 단계에서 만들어야 하는 주요 전술적 대원칙은 두 가지이다.

- 우리가 원하는 방향으로 몰기(안쪽 또는 바깥쪽)
- 협력 압박(볼을 가진 선수와 받을 선수들)

상대 팀을 우리가 원하는 방향으로 몰아가기

지역 방어는 상대를 압박하며 우리가 원하는 곳으로 몰아가는 방법을 활용한다. 상대가 실수를 하도록 압박하여 볼을 최대한 빠른 시간 안에 다시 점유하는 것이다. 이때 중요한 것은 볼을 점유하고 있지 않을 때에도 상대를 공격하는 것이다. 볼 주위의 지역을 압박하고 서로 커버플레이를 하면서 수비 철학의 하위 원칙을 실행한다. 수비 조직 체계에서 상대를 측면이나 중앙으로 우리가 원하는 방향으로 몰아가는 것은 수비의 주요 원칙이다. 이는 우리가 원하는 곳에서 볼을 빼앗아 공격으로 빠르게 전개하는 것과 연관되기 때문이다. 중앙 지역으로 모는 경우에도 우리 팀의 미드필더와 수비 라인 사이에서 패스 연결하는 것을 허용해서는 안 된다. 〈그림 4-29〉는 중앙 지역으로 상대 선수를 몰아가는 방법을 나타낸 것이다. 중앙으로 몰아가는 것은 일반적이진 않으나 전술적으로 상대 선수들이 우리 수비 블록 안에서 플레이하는 것을 허용하는 것이다. 이 경우, 많은 선수들이 볼을 가진 선수를 동시에 압박해서 볼을 빼앗을 수 있다. 〈그림 4-29〉와 같이 4명의 청팀 선수들이 동시에 압박하여 홍팀 수비형 미드필더(No. 6)의 볼을 빼앗는 것이다.

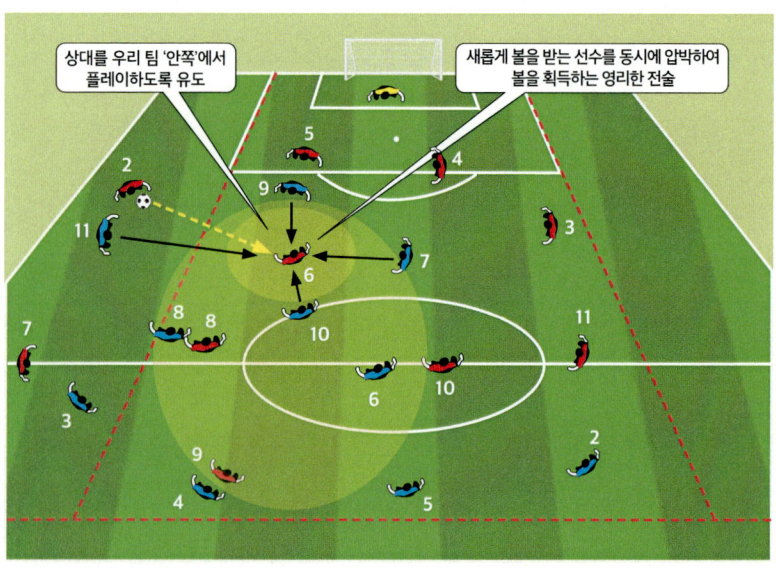

그림 4-29 상대 팀을 우리가 원하는 방향으로 몰아가기

협력 압박

지역 방어의 적용은 항상 상대를 압박하는 것으로 시작한다. 볼을 빼앗기 위해 압박할 때 전술적 시작 신호를 아는 것이 매우 중요하다. 일부 선수들은 포지션 역할 때문에 상대 선수를 유도하거나 압박의 타이밍을 조정하기도 하지만, 압박은 협력해서 동시에 해야 한다. 볼을 받으려는 상대 공격수 주위에 있는 수비수는 상대 선수가 볼을 받으려는 순간의 자세를 파악하고, 주변에 상대 공격수에게 도움을 줄 수 있는 선수의 위치 등을 고려하여 압박 타이밍을 결정하는 리더 역할을 하게 된다. 다른 선수들은 협력 압박을 위해 간격을 좁게 유지하고 볼의 이동을 살펴야 한다.

협력 압박의 부원칙

상대를 효율적인 방법으로 원하는 방향으로 몰거나 압박하기 위해서 적용해야 할 부원칙은 다음과 같다.

- 콤팩트
- 볼 위치로의 협력적인 이동
- 활동적/비활동적 수비 지역
- 수비적 커버플레이

① 콤팩트

공격에서 수비로 전환되어 수비 포지션에 서게 되면 볼을 중심으로 콤팩트한 수비 조직이 만들어져야 한다. 볼과 골문 사이에 수비 그룹이 위치해야 하고, 두 가지 형태의 수비수

사이의 적절한 간격이 유지되어야 한다.

- **수평적 선수 간 간격**Lateral-Sectorial Distance : 같은 라인의 선수들(수비, 미드필드, 공격 라인) 간에 유지되어야 하는 간격으로 일반적으로 8~10m 정도이나 경기 상황에 따라 변할 수 있다.

- **수직적 구역 간 간격**Vertical-Intersectorial Distance : 다른 라인(수비, 미드필드, 공격 라인) 간의 선수들의 거리 간격으로 경기 상황에 따라 증가하거나 감소할 수 있으나, 14~16m 정도가 적당하다. 콤팩트 블록을 기능적 단위로 유지하기 위해 볼의 움직임에 따라 적절한 수비 스피드로 협력해서 움직일 수 있어야 한다.

② 볼 위치로의 협력적 이동

전방, 후방 또는 측면으로 협력적으로 이동하는 것은 수비 블록을 콤팩트하게 유지하고 볼에 근접할 수 있는 유일한 방법이다. 모든 선수가 적절한 수비 속도에 따라 협력적으로 움직여야만 상대 공격수의 전진을 막아낼 수 있다.

- **수평적 이동** : 옆 방향으로의 움직임으로 볼의 위치와 움직임에 따라 결정된다. 〈그림 4-30〉에 나타난 바와 같이 홍팀의 중앙 수비수(No. 4)가 레프트백(No. 3)에게 패스한 경우, 청팀 선수들은 협력적으로 서로 같은 간격을 유지하면서 측면으로 이동한다. 수비 조직은 콤팩트하게 블록을 유지한다.

- **수직적 이동** : 전방 또는 후방으로의 이동을 의미하며, 볼의 위치에 따라 달라질 수 있다. 상대 공격수가 볼을 점유해 시간적·공간적 여유가 있고 수비 라인 뒷공간에 패스를 할 수 있는 상황이라면, 수비 라인을 내려 세워야 하고 모든 선수들이 협력적으로 동시에 같이 움직여 수비 블록을 유지해야 한다.

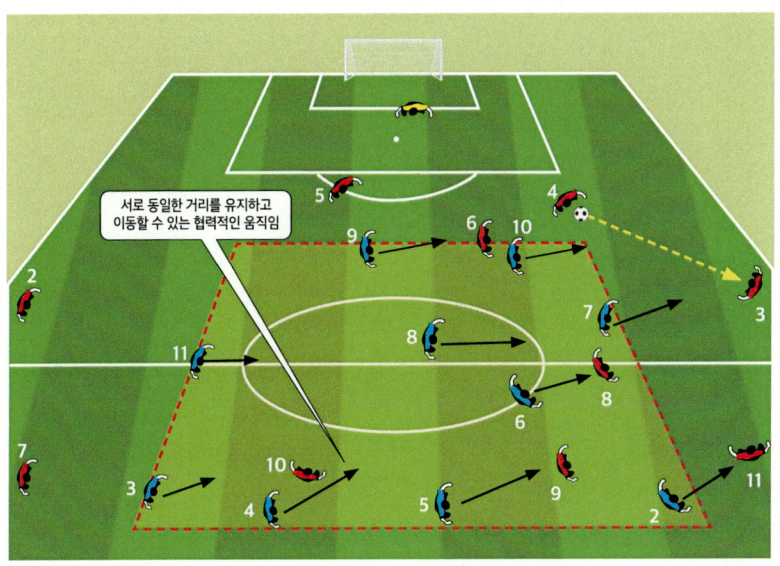

그림 4-30 볼 위치로의 협력적 이동의 예

③ 활동적/비활동적 수비 지역

협력적인 움직임의 결과로 수평적·수직적 공간을 축소시킬 수 있고 활동적·비활동적 두 가지 형태의 지역을 만들게 된다.

- **활동적 수비 지역**: 볼과 근접한 지역
- **비활동적 수비 지역**: 볼과 근접한 지역의 수비 블록을 유지하기 위해 일시적으로 볼과 반대편 공간을 비워 놓은 지역

〈그림 4-31〉은 볼 위치를 중심으로 공간을 축소하고 상대를 압박하기 위해 만든 활동적 수비 지역과 비활동적 수비 지역을 나타낸 것이다. 비활동적 공간에 있는 공격수(홍팀 No. 2 & No. 7)는 인근에 있는 선수가 관심을 가지고 살펴보아야 한다.

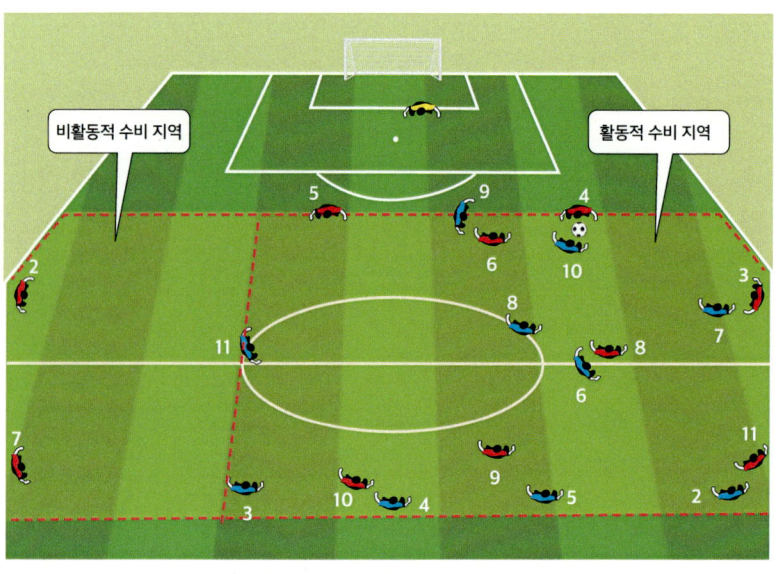

그림 4-31 활동적 & 비활동적 수비 지역

④ 커버플레이

수비 체계와 수평적·수직적 구조적 조직은 볼 근처의 안정적인 수비 지원과 커버플레이를 가능하게 만든다. 〈그림 4-32〉는 볼을 가진 선수를 압박하는 선수(No. 10)와 세 명의 커버플레이에 참여하는 선수(No. 6, 7, 8)를 나타낸 것이다. 볼을 가진 선수(No. 6)의 시간과 공간을 제약하여 상대 팀 공격의 전진을 막는 것이다. 전통적 지역 방어와 전술적 주기화의 압박 철학이 다른 점은 공격수의 활동을 제한하기 위해 발휘하는 볼과 볼 주위의 공간에 대한 압박의 적극성 정도에 있다. 〈그림 4-33〉은 수비 단계의 대원칙과 부원칙, 하위 원칙을 나타낸 것이다.

그림 4-32 볼을 가진 선수에 대한 압박과 커버플레이

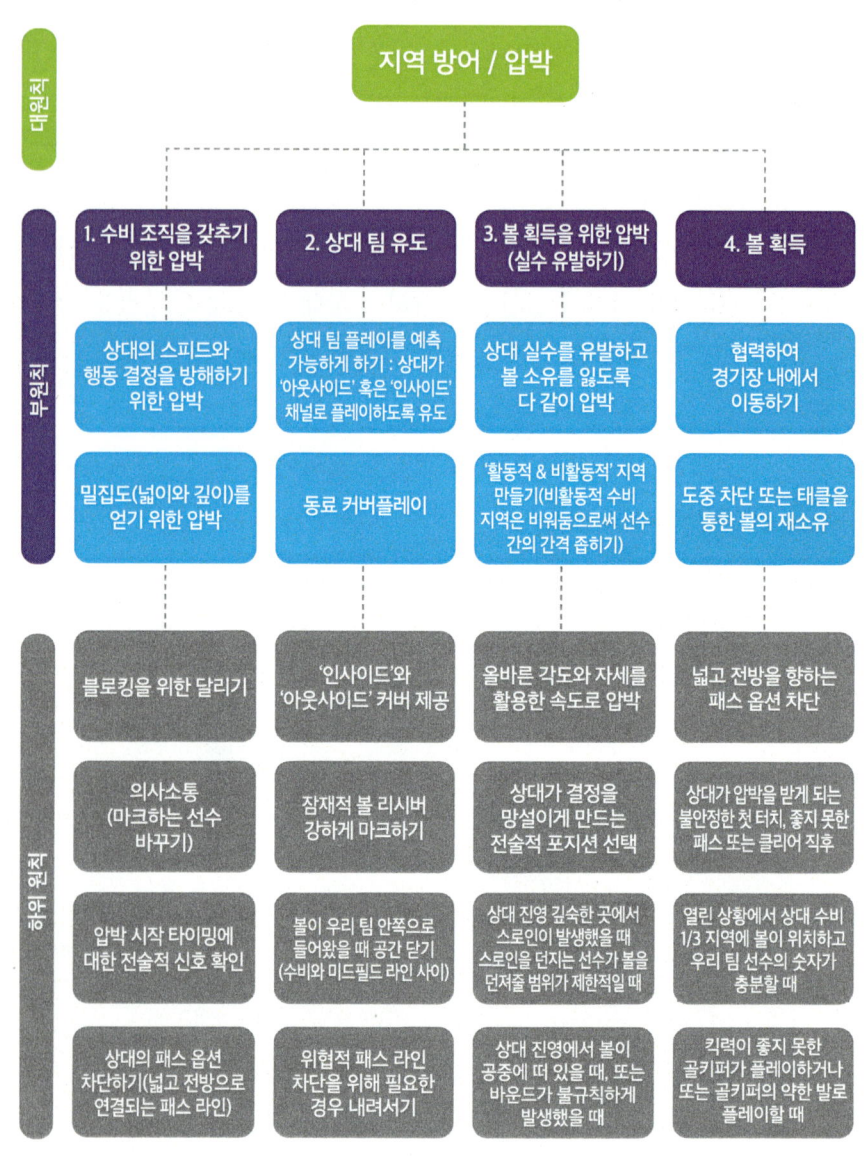

그림 4-33 수비 단계의 대원칙, 부원칙 & 하위 원칙
(Bordonau & Villanueva, 2018)

4) 수비에서 공격 전환 단계

　수비에서 공격으로 전환되는 시점은 '볼 점유를 확실히 하는 것'과 '역습' 두 가지 가능성을 만나는 분기점이 될 수 있다. 이 선택은 주로 활용 가능한 공간과 볼을 어느 지점에서 다시 점유했나, 그리고 수비 블록의 위치와 상대 팀의 조직과 균형에 의해 결정된다. 만일 상대 팀이 균형을 이루지 못해 공간과 시간을 허용한다면 우리는 이 공간을 최대로 활용해야 한다.

　예를 들어, 공격 전환을 통해 상대 수비 뒷공간을 활용하는 공격을 원한다면 다음 두 가지 선택을 할 수 있다.

- 상대 수비 뒷공간을 확보하기 위해 수비 과정에서 미드필드 지역 수비 블록을 형성한다.
- 상대 골문 근처의 전방 압박을 통해 상대 수비 라인에 빠르게 침투한다.

　공격 전환에서 볼 점유를 확실히 하는 선택은 상대 팀이 볼을 잃었을 때 수비 조직이 유지되거나 빠르게 다시 복원하는 정도에 따라 달라질 수 있다. 볼 소유는 점유를 통해 경기를 통제하는 팀의 플레이 철학과 관련 있다. 그러나 이러한 볼 점유는 항상 상대 팀 수비 조직의 균형을 무너뜨리는 것과 연관되어 있다.

　그러므로 압박 지역에서 볼을 클리어링clearing하는 것은 당연하다. 볼이 상대 압박 지역에서 빨리 벗어나면 벗어날수록 상대 팀이 조직 체계를 유지하기가 더 힘들어진다. 또한 볼 점유를 확실히 하는 선택은 상대 골문 근처에서 전방 압박을 통해 볼을 다시 빼앗는 상황과도 연결될 수 있다. 수비 블록을 높게 올리는 경우, 일반적으로 상대 미드필드 지역에서 볼을 빼앗기는 경우가 많고 가능한 한 빠르게 다시 점유하기 위해 노력한다. 이는 우리 골문에서 벗어나 상대 골문 근처에 있기 때문에 자연스러운 반응이다. 동시에 우리 수비 뒷공간을 상대가 활용하는 것을 사전에 차단하는 방법이기도 하다. 공격 전환 단계에서 어떠한 방법을 활용하더라도 가장 중요한 원칙은 압박 지역으로부터 볼을 이동시키는 것이고, 이 원칙은 항상 상대 팀의 수비 조직이 체계를 갖춘 것과 갖추지 못한 것에 달려 있다.

경기 4단계의 원칙과 부원칙은 서로 연결되어야만 한다. 이러한 관점에서 수비에서 공격으로 전환할 때 기준이 되는 역할을 해야 하기 때문에 특정 선수들이 정확한 포지션을 찾는 능력은 매우 중요하다. 예를 들어 측면에 볼이 있는 경우, 수비 시 상대 팀의 전환 플레이 switching play를 막는 역할의 윙어는 볼을 빼앗으면 역습을 펼칠 수도 있다. 그러므로 공격의 전환은 우리 수비 블록의 위치와 직접적으로 연관되어 있다. 각 포지션의 선수들은 볼을 점유했을 때 다양한 방법으로 공격을 향상시킬 수 있도록 움직여야 한다.

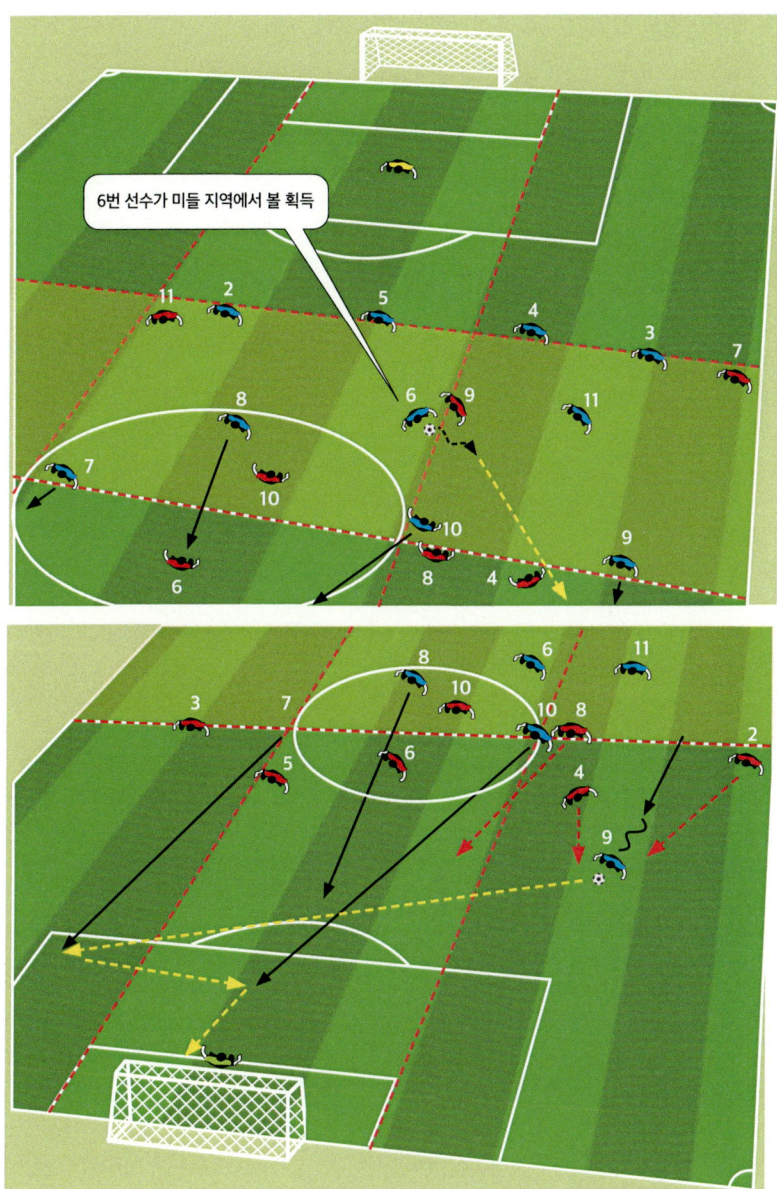

그림 4-34 미드필드 지역에서의 수비에서 공격 전환의 예

【미드필드 지역에서의 공격 전환의 예 (그림 4-34)】

- 미드필드 수비 블록을 활용하여 수비한다.
- 수비형 미드필더(No. 6)가 상대 공격수(No. 9)로부터 볼을 빼앗아 점유한다.
- 이 시점에서 빠르게 역습을 전개한다. 수비형 미드필더(No. 6)가 공격수(No. 9)에게 패스하고, No. 9는 최고 스피드로 전방으로 달리는 오른쪽 윙어는 No. 7에게 전환 플레이로 연결한다. No. 7은 컷백 cut the ball back 으로 No. 10에게 연결하고 No. 10은 슈팅한다.
- 빠른 공수 전환으로 상대 수비 뒷공간을 활용한다.
- 3-4명의 선수가 역습에 관여한다.
- 상대 수비 블록을 길게 늘어지게 만든다.
- 볼을 재 점유 후 첫 패스 outlet pass 와 빠른 2회의 패스 연결로 슈팅까지 연결한다.
- 상대 포백 수비 라인 뒤 공간을 빠르게 활용한다.

다음 〈그림 4-35〉는 수비에서 공격 전환 단계의 대원칙, 부원칙, 하위 원칙을 나타낸 것이다.

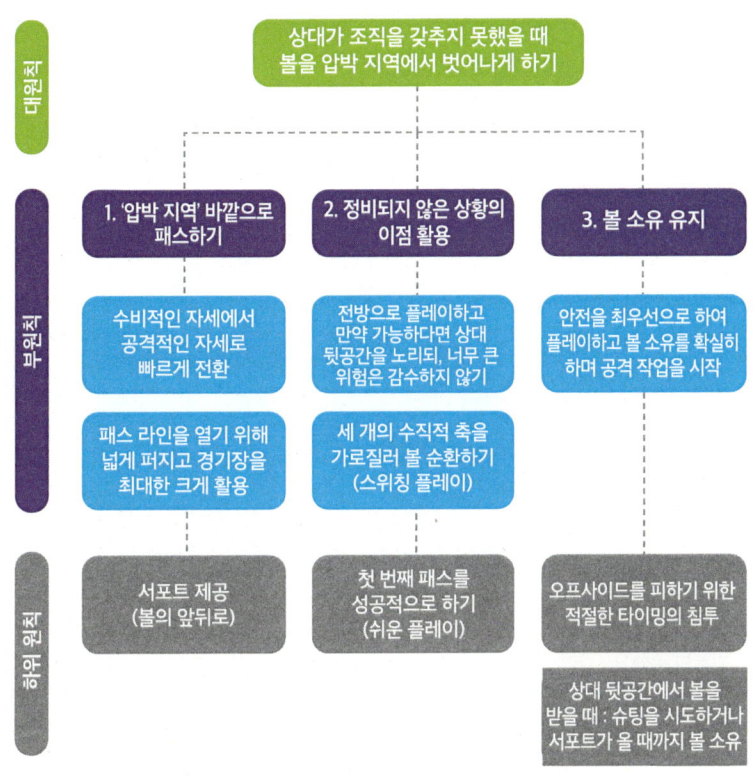

그림 4-35 수비에서 공격 전환 단계의 대원칙, 부원칙 & 하위 원칙
(Bordonau & Villanueva, 2018)

    전술적 방향으로부터 경기 모델의 발달과 단주기microcycle의 설계를 수립하면, 이제 개별 훈련 단위를 계획해야 한다. 전술적 주기화의 방법론적 원리를 고려하여 경기 모델과 경기 4단계에 따른 대원칙과 부원칙 그리고 하위 원칙에 대한 트레이닝 방법을 사용해 계획을 세우고 실행해야 아르헨티나를 월드컵 우승으로 이끌었던 메노티 감독의 표현처럼 경기 상황에서 가장 빠르게 문제를 풀어

나갈 수 있는 전술적 해결 능력을 향상시킬 수 있다. 〈그림 4-36〉은 전술적 주기화의 주간 중점 훈련 내용의 예이다.

"가장 빠른 선수는 빨리 달릴 수 있는 선수가 아니라 경기의 문제를 가장 빨리 풀어 나갈 수 있는 선수이다."

– 메노티 아르헨티나 전 감독(1978년 월드컵 우승)

주기화 훈련 내용	중주기			
	단주기 1	단주기 2	단주기 3	단주기 4
공격				
후방(수비 지역)에서 빌드업	x		x	x
미들 지역에서 빌드업		x		x
파이널 지역에서 마무리(득점)			x	x
수비로의 전환				
카운터 프레싱		x	x	
반칙 유도	x			x
수비				
볼이 중앙에 있을 때 지역 방어		x		
볼이 측면에 있을 때 지역 방어	x			
전방 압박			x	x
중간 압박			x	x
공격으로의 전환				
역습			x	x
세트피스				
공격		x		x
수비	x		x	
포지션 트레이닝	x	x	x	x

그림 4-36 전술적 주기화의 주간 중점 훈련 내용의 예

5) 표준 주간 트레이닝 계획

전술적 주기화에서 주간 트레이닝 형태는 모든 트레이닝 내용을 만드는 데 필요한 기초 계획 단위와 뼈대 역할을 한다. 이러한 결정에 영향을 주는 주요 요인은 경기 모델과 플레이 원칙이다. 전술적 주기화의 기본 개념과 경기 모델, 그리고 대원칙, 부원칙 등의 구조를 소개한 후에는 적절한 주간 단위의 단주기 계획을 세워야 한다. 주간 트레이닝 구조는 매 경기 후 상황을 분석하고 다음 주에 만나게 될 상대 팀에 대한 특별한 문제점을 다루어야 하므로 전체 트레이닝 과정의 설계에서 매우 중요한 역할을 한다.

주간 트레이닝 계획에서 가장 중요하고 연관이 높은 전술적 주기화 트레이닝의 방법론적 원리는 다음과 같다.

- 특이성 원리의 수평적 변화 원리 Principle of Horizontal Alternation in Specificity
- 조건부 연습의 원리 Principle of Conditioned Practices
- 단계적 진행의 원리 Principle of Complex Progression
- 전술적 피로 및 집중의 원리 Principle of Tactical Fatigue & Concentration

(1) 주 1회 경기의 표준 주간 트레이닝 양식

〈그림 4-37〉은 일주일에 한 경기를 하는 경우의 표준 주간 트레이닝 양식이다.

그림 4-37 표준 주간 트레이닝 양식(주당 1경기)

- 일요일 : 경기일

- 월요일 : 휴식 / 수동적 회복

 일부 지도자들은 생리적 기준으로 바람직하지 않다 하더라도 경기 다음날 휴식을 주는 것으로 알려져 있다. 경기마다 선수들에게 요구되는 여러 가지 부담 요인이 매우 높기 때문에 하루의 휴식은 다양한 스트레스에서 벗어나게 하고 에너지를 재충전할 수 있게 만든다. 적절한 영양 섭취와 충분한 수면이 특히 중요한 날이다.

- 화요일 : 활동적 회복 / 전술 훈련

 다음 경기에서 선수들에게 요구되는 부원칙을 둘째 날 트레이닝한다. 지난 경기 분석 결과 빌드업 과정이 이루어지지 못한 경우, 실제 포지션별로 요구되는 판단 능력과 기술 형태가 다르므로 자신의 포지션에서의 패싱 연습이 이루어질 수 있다. 또한 중요한 것은 선수들이 적절하게 회복되어야 하므로 운동 강도와 스피드 등은 줄이고 운동량은 약간 늘려야 한다. 패싱 연습 이후 넓은 공간에서의 포지션별 플레이 훈련은 다음 경기를 준비하는 차원에서 바람직한 선택이 될 수 있다.

- 수요일 : 중급 경기 모델 트레이닝 / 근력

프로축구의 경우, 경기 3일 후에는 선수들이 체력적으로 회복될 수 있으나 심리적으로는 100% 회복되지 못할 수도 있다. 그렇기 때문에 선수들에게 정신적으로 큰 부담이 되지 않는 부원칙과 하위 원칙을 트레이닝하는 것이 좋다. 작은 그룹에서 폭발적 파워 동작을 수행하는 부원칙 트레이닝 내용을 포함시키도록 한다. 2대2 또는 5대5 형태의 동일한 수의 선수 게임을 주로 활용하고, 항상 경기 모델과 전술적으로 연결되는 트레이닝이 되도록 한다.

- 목요일 : 고급 경기 모델 트레이닝 / 지구력

4일째 트레이닝에는 실제 경기와 같은 규모의 경기장에서 연습과 플레이가 포함되도록 한다. 그리고 운동량은 늘리되 강도는 높이지 않도록 한다. 트레이닝의 강조점은 주요 원칙에 초점을 맞춰 전체 팀에 적용한다. 주요 원칙은 11대11 상황에서 매우 중요하기 때문이다. 또한 세트피스 트레이닝이 포함될 수 있다.

- 금요일 : 낮은 단계의 경기 모델 트레이닝 / 스피드

금요일에는 부원칙과 축구 전문적 스피드 트레이닝에 초점을 맞추어 실시한다. 이때는 빠른 판단이 중요한 역할을 한다. 이러한 이유로 실제 경기보다 적은 상대 선수 수를 활용하는 전술 트레이닝을 실시한다. 예를 들어, 준비운동을 할 때 10대0의 플레이를 하다가 10대4 또는 9대7로 전환한다. 빠른 판단과 결정을 트레이닝하는 또 다른 방법은 작은 규모의 경기장에서 8대8 또는 10대10 훈련을 하는 것이다. 그리고 세트피스의 세밀한 부분을 반복해서 훈련한다.

- 토요일 : 경기 전날 트레이닝(전략적 트레이닝)

경기 하루 전으로, 경기를 준비하는 날이다. 훈련의 복합성은 줄이고, 공간을 넓게 하고, 회복 시간을 충분히 제공해야 한다. 경기 당일에 가까울수록 강도 높은 훈련의 영향으로 감소할 수 있는 집중력을 유지하는 것이 매우 중요하다. 트레이닝 시간을 90분에서 60분으로 줄이는 이유이기도 하다. 트레이닝은 주로 부원칙과 하위 원칙에 중점을 두고 실시한다.

(2) 주 2회 경기의 표준 주간 트레이닝 양식

주중에 한 경기를 더 하는 경우, 주간 트레이닝 형태를 다르게 준비해야 한다. 이때 가장 중요하게 고려해야 할 것은 신체적·정신적으로 완전히 회복하는 것이다. 전술적 주기화 트레이닝의 방법론적 원리는 한 경기를 하는 표준 주간 트레이닝 모델과 같다. 한 주에 두 경기를 하는 동안 회복과 선수들의 경기에 대한 준비도가 주요

관심 사안이므로, 특히 전술적 피로 및 집중의 원리를 충실하게 적용하는 것이 필요하다. 〈그림 4-38〉은 일주일에 두 경기를 하는 일정에 따른 표준 주간 트레이닝 양식을 나타낸 것이다.

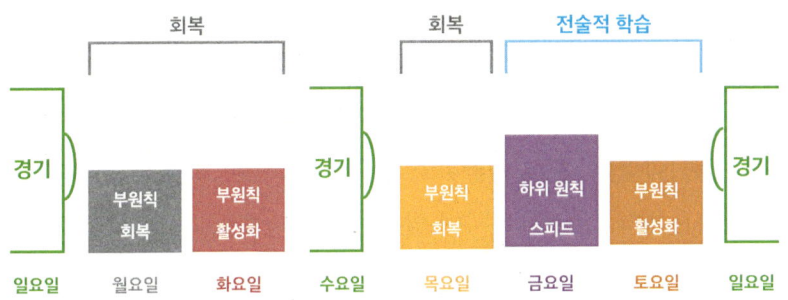

그림 4-38 표준 주간 트레이닝 양식(주당 2경기)

- 일요일 : 경기일

- 월요일 : 경기 모델 – 활동적 회복(전술적 트레이닝)
  지난 경기 결과 향상이 필요한 부분을 보완한다. 예를 들어, 수비 단계에서 수비 라인의 협력적인 움직임을 통해 볼 위치에 따라 전방, 후방, 측면으로 같이 움직이며 적절한 간격을 유지하는 훈련을 실시한다. 이와 함께 상대 공격의 방향을 우리가 원하는 곳으로 몰고 팀 전체로 압박하는 트레이닝을 가볍게 실시한다.

- 화요일 : 공격 & 수비 단계 – 경기 하루 전 트레이닝
  경기 하루 전 트레이닝을 하되, 다음 상대 팀의 전술적 분석에

따른 대비 훈련을 한다. 예를 들어, 3-5-2 포메이션과 미드필드 수비 블록을 활용하는 상대 팀을 대비하여 빌드업 형태를 훈련한다. 아울러 크로스 대비 수비 훈련 등도 실시한다.

- 수요일 : 경기일

- 목요일 : 경기 모델 – 활동적 회복(전술적 트레이닝)
  빠른 패스 연결에 의한 볼 순환과 상대의 약한 부분으로의 전환 플레이를 훈련한다. 4-4-2 포메이션과 수비 블록을 높게 활용하는 상대 팀을 대비하여 빌드업 훈련을 한다.

- 금요일 : 공격 & 수비 단계 – 스피드
  빠른 상황 판단을 하는 스피드 있는 플레이를 강조한다. 다음 상대 팀의 전술 분석에 따른 훈련 세션을 만든다. 두 명의 스트라이커에 대한 다이렉트 플레이 direct play를 차단하고 세컨드 볼을 확보하는 훈련을 한다. 빠른 전환 플레이와 상대 압박 지역으로부터 벗어나기 위한 전방으로의 패스 훈련을 실시한다.

- 토요일 : 경기 전날 트레이닝(전략적 트레이닝)
  경기 하루 전으로 경기를 준비하는 날이다. 미드필더가 적극적으로 공격 지역에 가담하는 훈련을 실시한다. 이와 함께 상대 중앙 수비수가 오른발을 주로 사용하지만 기술적인 문제가 있는 것을 이용하여 그 선수에게 볼이 전개되도록 유도하고 압박하는 수비 훈련을 실시한다.

- 일요일 : 경기일

6) 전술적 주기화의 학습 방법

"이상적인 트레이닝 세션the ideal training session은 경기의 강도와 감정, 분위기를 똑같이 만들어내는 것이다."

전술적 주기화 개념은 암묵적 학습법Implicit learning approach과 차별화된 교육Differentiated instruction 방법을 활용하여 가르친다.

(1) 차별화된 학습 방법

모든 스포츠는 특별한 동작의 연속으로 특징지어진다. 이러한 동작은 다음 단계 수행 능력의 중요한 기본을 형성하는 기술적 트레이닝을 통해 가르칠 수 있다.

기술 향상을 위해서는 반복 연습과 차별화된 학습 방법, 이 두 가지 학습 방법을 활용할 수 있다. 기본 기술을 습득하기 위해서 초기 단계에는 반복 연습을 한다. 이상적인 움직임을 위해 차별화된 학습 방법을 가능한 한 빨리 사용해야 한다. 축구에서 좋은 실제적 접근 방법은 전통적 트레이닝 방법과 차별화된 학습 방법을 접목하는 것이다.

차별화된 학습은 새로운 운동학적 학습 방법으로 기본적 움직임을 다양한 방법으로 연습하는 것이다. 단순히 동작을 반복하는 것이 아니라 다양한 동작을 하는 것이고, 실수조차 다른 차원에서 바라보는 학습 방법이다. 전통적 트레이닝 방법에서는 실수를 피하려고 하지만, 차별화된 학습에서는 의도적으로 실수를 활용하는 것이다.

연구자들은 프리킥을 똑같은 각도로 반복하는 것과 같이 연습을 똑같이 반복하는 것은 불가능하고, 모든 선수는 개인별로 독특한 특징이 있다는 것을 근거로 차별화된 학습 방법의 타당성을 강조한다.

또 다른 예로, 많은 지도자들이 사용을 권장하지 않는 아웃사이드 패스를 들 수 있다. 만일 인사이드 패스보다 아웃사이드 패스를 더 잘하고 편안하게 할 수 있다면, 굳이 인사이드 패스를 강요할 필요가 없다는 것이다.

차별화된 학습은 다음 두 가지 중요성에 근거하고 있다.

① 모든 동작은 여러 가지로 변화하기 때문에 똑같이 반복될 수 없다.
② 모든 동작은 개인별로 독특하다.

그러므로 전통적 학습 방법과 달리, 차별화된 학습 방법에서는 '실수 mistake'라는 단어가 '개체 변이 또는 변화 fluctuation'로 대체된다. 차별화된 학습에서는 동작 실행에 있어 다양한 변화는 학습 과정에서 발전하기 위해 반드시 필요한 과정이기 때문에 의도적으로 활용해야 한다.

실제 기술 트레이닝을 할 때, 모든 동작 하나하나는 각기 다르다. 이것은 선수들이 각자 새로운 상황에 지속적으로 적응해야 한다는 뜻이고, 이 점이 축구에서는 특히 중요하다. 주요 이점은 지속적으로 변화하는 상황으로 인해 중추신경계의 강렬한 반응을 이끌어낼 수 있다는 것이다.

【슈팅 연습의 차별화된 학습의 예】

차별화된 학습 접근 방식으로 다음과 같은 다양한 방법으로 슈팅 연습을 할 수 있다.

- 한 눈으로 슈팅(눈 패치 활용)
- 팔 휘돌리고 슈팅
- 한 팔 들고 슈팅
- 디딤 발을 평상시보다 볼 앞 또는 볼 뒤에 놓고 슈팅
- 패스 받아서 또는 드리블하다가 슈팅
- 다양한 기술 활용(인스텝, 인사이드, 아웃사이드, 토 킥)
- 달리는 방법 변화(무릎 높여 뛰기, 외발 뛰기 등)
- 저글링 후 슈팅
- 다양한 볼 사용
- 테니스 볼 공중에 던지고 받은 후 슈팅
- 이외 다양한 방법 사용, 차별화된 학습 방법의 창의적 생각은 제한이 없음

축구 경기에서 차별화된 학습 방법으로 다음과 같은 주요 수행 능력이 향상될 수 있다.

- 많은 트레이닝 그룹에도 적합하게 적용될 수 있음
- 다양한 방법은 선수들의 동기유발을 유지시킬 수 있음
- 전통적 방법보다 효과적임
- 실제 경기 상황에서 선수들을 처음 또는 익숙하지 않은 조건에서도 빠르게 반응할 수 있게 함
- 창의적 플레이를 가능하게 함

(2) 암묵적 학습

암묵적 학습 방법은 전술적 주기화 개념에서 중요한 역할을 한다. 축구에서는 새로운 학습 내용을 습득할 때 외현적explicit 또는 분석적analysis 방법이 주로 사용되어 왔다. 즉, 학습 목표 또는 내용을 시범 보이거나 말로 설명하는 방법이 주로 쓰인 것이다.

기본 형태는 단계별로 난이도에 따라 구성된 운동 순서에 따라 학습한다. 궁극적인 목표는 연습과 경기에서의 응용을 통해 단계적으로 도달한다. 그러나 이 방법은 축구가 아주 복잡한 데다 각 개인의 상황을 분석적으로 설명하지 못하기 때문에 선수들에게 경기 모델을 적절하게 전달하지 못한다는 문제가 있다.

이것이 바로 트레이닝 중 선수들이 독립적으로 문제를 찾아낼 수 있도록 다양한 경기 상황을 경험케 해야 하는 이유이다. 지도자는 되도록 분석적 코칭을 줄이고, 오히려 선수들이 트레이닝 방식의 구조를 사용하여 그러한 상황에 익숙해지도록 만들어야 한다. 예를 들면 수비에서 공격으로의 빠른 전환과 볼을 최대한 빠르게 전방으로 이동시키는 데 집중할 수 있도록 선수들에게 일정 시간 안에 슈팅을 해야 한다고 이야기하는 것이다.

또 다른 선택은 복합성을 높이고 볼 터치 횟수를 정하는 것이다. 복합성을 높이고 압박감을 갖도록 볼 터치 횟수를 정하는 것이다. 많은 지도자들이 알고 있듯이, 연습경기장의 크기와 선수들의 수를 변화시키는 방법으로 경기의 강도를 조절할 수도 있다. 몇 가지 다른 조정 요인들을 결합하면 복합성과 관계된 압박감을 극대화할 수 있다. 이러한 트레이닝은 전술적 주기화에서 매우 중요한 선수들의 집중력을 높일 수 있다.

    그러나 이러한 방법으로 원하는 목적을 달성하기 위해서는 지도자의 높은 전술적 이해가 반드시 필요하다. 모든 트레이닝의 목적은 지도자가 외현적으로 지적하지 않으면서도 선수들이 원하는 트레이닝 목표를 암묵적으로 학습할 수 있도록 만드는 것이다. 즉 선수들이 생각하게 만들고, 배울 수 있게 만들며, 스스로 결정할 수 있도록 지속적으로 동기를 부여하는 것이다.

5. 코칭과 경기 모델 트레이닝

지난 20여 년간 코칭을 지도자가 선수에게 지식을 전달하는 단순한 과정이라고 보는 관점에 대한 비판적 문제의식이 지속적으로 제기되었다(Cassidy, Jones, and Potrac, 2004 ; Jones, 2006 ; Light, 2004). 코칭에 대한 이러한 새로운 패러다임의 하나로 지도자 중심coach-centred이 아닌 선수 중심player-centred의 접근 방식이 제시되기 시작했다. 이해를 위한 경기 교육TGfU : Teaching Game for Understanding이나 경기 중심 지도법GSA : Game Sense Approach과 같이 실제 경기 상황과 유사한 경험을 할 수 있는 훈련법은 선수들의 전술적 이해, 경기 읽기, 의사결정 능력 향상에 많은 도움을 줄 수 있다.

축구는 볼, 팀 동료 및 상대 팀 선수의 움직임에서 나오는 정보의 양과 그에 따른 기술적·전술적 선택의 순간이 빠르게 변화하는 것이 특징이고(Young and Pryor, 2007), 복잡한 환경에서 빠르게 상황을 읽고 반응하는 것이 경기력의 중요한 요소로 평가되고 있다(Passos et al., 2010).

경기장에서 스스로 문제를 해결해 가는 선수로 육성하기 위해 필요한 코칭에서의 언어의 역할, 지도자의 표현 방법과 창의적 경기 모델 및 트레이닝 프로그램 작성 방법 등을 살펴보면 다음과 같다.

1) 코칭에서 언어의 역할

코칭은 지도자가 선수에게 지식을 전달하는 과정이다. 지도자가 선수에게 잘 전달한 축구 지식은 경기에 대한 이해를 명확하게 하고, 잘 전달받은 지식을 자신의 것으로 만들어 더 좋은 경기력을 보일 수 있게 한다. 캐시디·존스·포트랙(Cassidy, Jones, and Potrac, 2004)에 따르면, 코칭은 단순히 지도자가 선수에게 지식을 전달하는 것 이상을 추구해야 한다. 또한 선수들은 지도자에 대한 의존도를 낮추면서 스스로 경기 상황을 읽고 분석하여 적절한 선택을 할 줄 아는 능동적 문제해결자로 성장해야 한다고 주장한다. 이러한 의미로 축구 코칭에서의 언어는 경기에서 팀의 전술적 움직임과 선수 개개인이 해야 할 역할에 대한 정보를 전달하는 매우 중요한 도구라고 할 수 있다.

언어의 특수성은 훈련 및 경기와 관련된 행동의 결과, 경기에 대한 이해, 훈련의 목적이나 맥락 등을 선수들이 잘 이해하도록 도와준다. 그러나 아쉽게도 규칙 이외에는 각 팀별로, 또 각 지도자마다 객관적 언어가 통일되어 있거나 명확하게 정의되어 있지 않다. 같은 움직임이라도 지도자마다 다른 언어 또는 어휘를 사용하는 경우도 종종 있다. 이런 면에서 축구 클럽이나 팀 내에서 명확하고 정의된 언어를 사용한다면 더 나은 의사소통은 물론, 선수들의 이해를 도울 수 있을 것이다.

언어가 축구 경기에서 선수에게 어떻게 도움을 주는지 예를 들어보자. 지도자는 선수가 '높은 위치 압박high pressing'이라는 팀 목표를 이루기를 원한다. 그래서 이렇게 이야기한다.

지도자 : "우리는 수비 위치를 매우 높게 설정할 것이다. 타이밍 잘 잡아서 패스 옵션을 동시에 차단하고 상대에게 빠르게 압박해서 볼을 빼앗아라."

선수들이 경기 중에 이러한 팀 과제에 따라 그에 맞는 적절한 선택을 하고 반응하도록 하려면 선수가 '높은 위치 압박'이라는 과제를 스스로 할 수 있는 기준이 필요하다. 이러한 기준은 선수가 '어디서position, 어떤 순간timing에, 어떤 방향으로direction, 어떤 속도로speed' 어떻게 압박을 해야 하는지 알 수 있도록 도와준다.

【예 : 높은 위치 압박】

어디서 : 우리 편이 압박하고자 하는 상대편이 볼을 받을 때 그 선수가 2~3m 접근할 수 있는 위치

어떤 순간 : 상대방 선수가 우리 편이 압박하고자 하는 상대편에게 패스를 주려고 스윙하는 순간

어떤 방향 : 우리 편이 압박하고자 하는 상대편이 패스를 줄 수 있는 상대 동료 선수와의 패스 라인을 막는 방향

어떤 속도 : 우리 편 선수가 압박하고자 하는 상대편 선수가 볼을 받을 때 압박하는 선수가 2~3m 접근할 수 있는 속도

【예 : 볼 다시 빼앗기】

어디서 : 볼을 받은, 또는 볼을 가진 내 마커marker를 압박할 수 있을 정도의 가까운 거리

어떤 순간 : 우리 편이 압박하는 상대 선수의 컨트롤이 길 때, 등을 지고 있을 때, 드리블 또는 패스를 망설일 때

어떤 방향 : 상황에 따라 상대 선수 몸을 향해, 또는 볼을 향해

어떤 속도 : 최대한 빠르게 상대 몸(볼) 쪽으로

이렇듯 명확한 용어 사용과 그에 대한 이해는 선수들이 경기 중 본인의 역할을 이상적으로 수행할 수 있도록 도와준다. 만약 경기 중 이러한 기준 없이 높은 위치 압박에 실패한다면(예 : 압박을 너무 높이 시작해 상대가 백 패스를 하거나(position); 압박을 너무 일찍 시작하거나(timing); 팀이 원하는 곳으로 상대가 패스를 하지 않거나(direction), 상대가 쉽게 드리블해서 제쳐 나갈 수 있는 스피드로 압박을 할 경우(speed)), 지도자는 경기 중간에 선수에게 해결책을 제공하기 어려울 것이고, 선수는 본인의 압박이 왜 안 되는지 모를 뿐만 아니라, 알더라도 기준과 수단이 없기 때문에 어떻게 어려움을 극복해 나가야 할지 모를 수 있다.

따라서 지도자가 선수에게 주어진 문제 상황을 바탕으로 스스로 해결책을 찾을 수 있는 문제해결 능력을 제공하기 위해 이러한 언어와 지정된 언어를 사용한다면 선수 스스로 경기장 안에서 문제를 해결할 수 있을 것이다.

2) 지도자의 암묵적 지식과 명시적 지식

학습자 관점에서 배움이란 경험의 과정에서 내면화된 어떤 앎이라고 정의할 수 있다(백승주, 2022 : 미간행 출판물). 학습 과정은 이해 단계, 내면화 단계, 자동화 단계, 탈자동화 단계 등 4단계로 일어난다.

많은 연습을 통해 몸으로 체득한 선수의 실행은 빠르고 자주 변하는 상황을 자주 맞이하는 축구 경기에서 그 상황에 맞는 판단과

실제 행동으로 이어져야 한다. 이를 위해 선수들이 의식적인 자각 없이 학습되든지, 의식적인 자각이 있게끔 학습이 되든 상관없이 빠르게 그 상황에 맞는 반응을 하도록 하는 것이 축구 코칭의 주요 포인트라 할 수 있다. 선수의 사고 속도를 높이고 정확한 실행이 이루어지게 하기 위해서는 판단과 실행을 반복 연습하여 자동화 단계가 되어야 한다(그림 4-39).

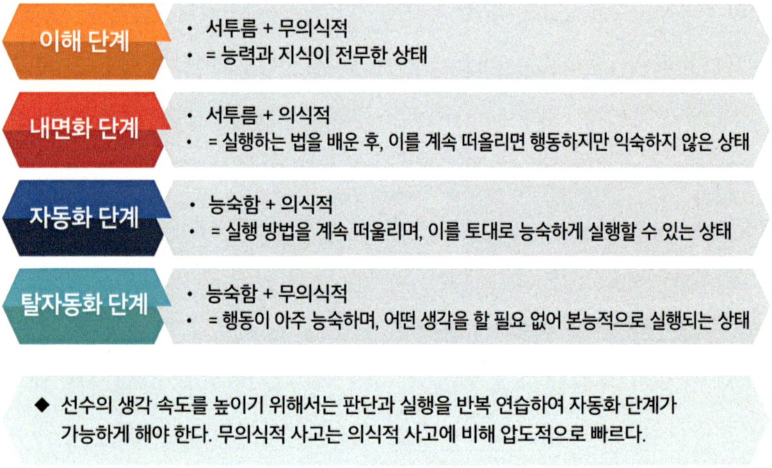

이해 단계	• 서투름 + 무의식적 • = 능력과 지식이 전무한 상태
내면화 단계	• 서투름 + 의식적 • = 실행하는 법을 배운 후, 이를 계속 떠올리면 행동하지만 익숙하지 않은 상태
자동화 단계	• 능숙함 + 의식적 • = 실행 방법을 계속 떠올리며, 이를 토대로 능숙하게 실행할 수 있는 상태
탈자동화 단계	• 능숙함 + 무의식적 • = 행동이 아주 능숙하며, 어떤 생각을 할 필요 없이 본능적으로 실행되는 상태

◆ 선수의 생각 속도를 높이기 위해서는 판단과 실행을 반복 연습하여 자동화 단계가 가능하게 해야 한다. 무의식적 사고는 의식적 사고에 비해 압도적으로 빠르다.

그림 4-39 실행의 발달 단계

실제 선수들의 플레이 과정을 살펴보면 상황을 인식하고, 그 상황을 나름대로 파악하여 분석하고, 짧은 시간 내에 판단을 내리고 실행하는 과정으로 이루어진다. 대부분의 훈련은 실행 위주의 훈련이지만 실행을 바꾸기 위해서는 눈에 보이지 않는 현상을 수정해야 하고 최대한 빠르게 무의식적인 수준에서 실행이 될 수 있게 만드는 것이 중요하다(그림 4-40).

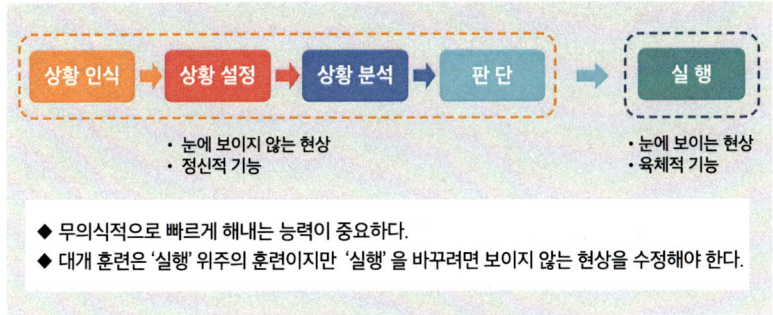

그림 4-40 축구 플레이의 실행 과정

　이러한 실행의 발달 단계에 맞춰 선수들이 자동화 단계에 도달해 빠르게 판단하고 실행 가능하도록 훈련하게 만드는 주요 포인트는 무엇일까? 많은 지도자들의 고민이기도 한 이 문제에 대해 연구자들은 지도자의 상황 설계 능력과 관련이 있다고 생각한다. 즉, 지도자가 기술 학습, 전술 학습, 경기 읽기 또는 의사결정에 중점을 두는 여건을 설계하고, 선수들은 그 훈련을 통해 스스로 문제를 해결해 보다 좋은 전술적 결정better decision과 실행better execution을 할 수 있게 한다는 것이다.

　그렇다면 지도자가 훈련을 잘 설계하고 디자인하려면 어떤 요소들이 중요할까?

　지도자가 선수들의 학습을 위해 축구를 체계화할 필요가 있다고 판단된다. 지도자가 갖고 있는 암묵적 지식implicit knowledge을 선수들이 이해할 수 있는 명시적 지식explict knowledge으로 만드는 과정이 우선되어야 한다. 지도자 중심이 아니라 선수 중심의 명확한 이해를 도울 수 있는 언어 사용과, 선수들의 이해를 도울 수 있는 명시적 자료를 통한 트레이닝 방법을 설계하는 것이 필요하다. 즉, 지도자들이 경험을 통해 체득한 축구의 암묵적 지식을 명시적 지식의 경기 모델로 만들어내는 과정이 필요하다는 것이다. 언어로 명시화된 경기 모델은 지도자에게는 일관성 있는 코칭을 하기 위한 수단이 될 것이고, 선수들에게는 인지 발달을 위한 도구로 활용될 수 있다.

- 암묵적 지식 : 학습과 체험을 통해 습득하지만, 겉으로 드러나지 않는 지식
- 명시적 지식 : 문서나 설명서 따위와 같이 겉으로 분명하게 드러난 지식

문자화된 트레이닝 방법의 활용 등 명시적 지식을 만드는 일에 현장의 많은 지도자들이 어려움을 겪고 있다. 예를 들어, A 지도자가 초등학교 4학년부터 중학교, 고등학교, 대학교, 프로 선수까지 엘리트 축구선수의 삶을 살아왔다고 가정했을 때, A 지도자를 가르친 여러 명의 스승을 통해 훈련받은 경험과 설명들은 방대할 거라 예상된다. 이 경우, A 지도자는 자신이 축구에 대해 많이 안다고 생각한다. 아마도 본인이 축구를 잘하기 때문일 것이다. 그러나 막상 본인이 생각하는 축구를 문서로 정리하라고 하면 아주 어려워한다.

그 이유는 여기에 있다. A 지도자뿐만 아니라 대부분의 지도자들은 자신이 경험해 온, 그리고 학습한 암묵적 지식을 가지고 있다. 선수들은 몸으로 수행하기만 하면 되었기 때문에 자신이 갖고 있는 지식을 말로 설명할 필요가 없었지만, 지도자들은 다르다. 왜냐면 선수들에게 자신이 알고 있는 지식을 전달해야 하기 때문이다. 결국

지도자는 자신이 경험해 온 암묵적 지식을 명시적 지식으로 만들어야 한다. 이렇듯 본인이 할 줄 아는 것과, 본인이 할 줄 아는 것을 밖으로 꺼내어 일관성 있게 전달하는 것은 다른 문제이다.

지도자들은 저마다 경험한 암묵적 지식이 다 다를 것이며, 상황마다 본인에게 내면화된 지식이 맞다고 생각할 것이다. 또한 축구의 본질 자체가 복잡하기 때문에 자신이 갖고 있는 암묵적 지식이 시시때때로 변할 수도 있다. 암묵적 지식은 몸으로 체화된 앎이지 겉으로 정리된 명시적 지식이 아니기 때문이다. 문제는 정리되거나 체계화되지 못한 암묵적 지식으로 인해 지도자 자신도 모르게 선수들에게 다양한 상황에서 다양한 피드백을 줄 수 있다는 것이다.

일부 코칭 사이언스 연구자는 머리에 들어 있는 지식(암묵적 지식)을 '정보', 머리에 들어 있는 정보를 문서화(명시적 지식)하여 정리하는 작업을 '지식', 정리된 지식을 현장에 적용하는 것을 '지혜'라고 구분하기도 한다. 먼저 지도자들의 암묵적 지식을 선수들이 이해할 수 있는 명시적 지식으로 문서화하는 작업이 선행되어야 좋은 지도자로 거듭날 수 있을 것이다.

3) 창의적 경기 모델과 트레이닝 프로그램

이제 지도자가 가지고 있는 암묵적 지식을 명시적 지식의 경기 모델로 만드는 방법을 알아보기로 하자. 이해를 돕기 위해 이론적 배경과 수원 삼성 U18세팀 백승주 감독이 실제 경기 모델을 만들어 적용한 예를 제시하기로 한다.

축구는 복잡하고 다양하기 때문에 각 팀별로, 또 각 지도자마다 다른 의미의 다른 언어 또는 어휘를 구축할 수 있다. 경기 모델의 이해와 실제 활용을 통해 지도자마다 각자 자신이 편하고, 또 가장 잘 표현해 낼 수 있는 방법으로 자신의 철학을 경기장에서 선수들을 통해 보여 줄 것이다.

(1) 경기 모델 만들기

"내가 팀을 맡아서 가장 중요하게 생각하는 일은 축구 원칙으로 구성된 경기 모델을 만드는 것이다. 따라서 팀을 맡은 첫날부터 나는 그것을 만들기 위해 노력한다."
― 무리뉴 감독

경기 모델은 지도자가 경기장에서 각 경기 단계(공격, 수비, 전환 : 수-공, 공-수)에 따라 선수들에게 바라는 신체적·기술적·전술적·심리적 행동 방식으로 정의된다. 선택된 경기 모델은 팀의 축구 DNA, 팀의 플레이 스타일 및 특징을 나타내며, 모든 선수의 잠재력을 최대화할 수 있는 경기 방법이어야 한다(115쪽 경기 모델의 개발 및 중요도 참조).

경기 모델은 대원칙, 부원칙, 하위 원칙으로 구성되는데, 선수들이 잘 이해할 수 있도록 체계적 구조를 잘 정리해야 하며, 목적과 의도에 따라 우선순위를 정해야 한다. 예를 들어, 상대 팀이 볼을 소유하고 우리 팀은 조직적 정비가 되어 있는 수비 단계의 경기 모델을 만든다고 할 때 다음과 같이 원칙을 정리할 수 있다

【경기 모델의 예 : 상대가 볼을 소유하고 있을 때, 어떻게 수비를 할 것인가】

전방 압박 : 콤팩트하고 잘 짜여진 조직으로 상대 선수의 실수를 유발하기 위해 지역 및 대인 방어를 상황에 따라 반복하며 상대 선수의 시간 또는 볼을 빼앗는다.

- 대 원 칙 : 경기 모델 하부 구조 Game Model Substructure
  팀 전술
  어디서부터 압박을 시작할 것인가?
  어디로 상대를 몰아갈 것인가? (측면 또는 중앙)

- 부 원 칙 : 대원칙의 하부 구조 Substructure of Principles
  그룹 전술
  공격수들은 누가 누구에게 압박을 가할 것인가? (압박 동선)
  미드필더는 지역 방어를 할 것인가, 대인 방어를 할 것인가?
  수비수는 어떻게 행동할 것인가?

- 하위 원칙 : 부원칙의 하위 원칙 substructure of subprinciples
  개인 전술
  개인 선수들의 수비 시 위치, 타이밍, 방향, 스피드는 어떻게 설정할 것인가?

축구 경기에서는 복잡하고 예측 불가능한 상황이 자주 연출된다. 그러나 이러한 복잡하고 예측 불가능한 상황을 훈련을 통해 미리 경험하고 그에 대한 전술적 대응을 이해하고 있다면, 예측 불가능한 상황을 조금이나마 단순화해 경기를 원하는 방향으로 이끌어갈 수 있을 것이다.

축구 경기에서는 '의사결정'이라는 요소가 중요하고, 이러한 의사결정 능력은 우연의 일치가 아니라 각 상황별 논리를 따르는 특정 원리를 바탕으로 일어난다고 말한다(Oliveira, 2004). 의사결정이란 선수가 경기 중 일어나는 상황을 읽고 그에 맞는 가장 적절한 전술적 결정을 하는 것을 의미한다. 이때 적절한 의사결정은 지도자가 원하는 플레이 스타일과 절대적으로 연관되어 있다.

만일 지도자가 정해 놓은 원칙이나 플레이 스타일 등, 팀이 플레이하고자 하는 경기 모델이 없다면, 선수들은 복잡한 경기에서 무엇을 어떻게 할지 알지 못할 것이다. 생각의 지향성 없이 전술적 판단을 하지 못한 채 그저 상황에 끌려 다닐 수밖에 없을 것이다.

그러나 지도자가 만들어 놓은 경기 모델을 기반으로 훈련하여 숙련된 선수의 인지 및 수행 능력은 선수의 의사결정 및 반응을 상당히 발전시킬 수 있다(McCrone, 2002). 경기 모델을 통한 훈련 방법은 선수가 가능한 모든 경기 상황을 이해하고 더 빠르게 반응할 수 있도록 도와주는 매우 중요한 도구가 될 것이다. 경기 모델을 만드는 일, 즉 지도자의 암묵적 지식을 명시적 지식으로 만드는 일은 지도자에게 인내심이 필요하고 시간이 많이 소요되는 일이지만 절대적으로 가치 있는 일이고 반드시 해야만 하는 일이다.

경기 모델 만들기 5단계

수원 삼성 U18팀 백승주 감독의 경기 모델 작성과 활용 과정을 설명하면 다음과 같다. 백 감독은 경기 모델을 만들어 가는 과정을 5단계로 구분하여 정리하였다.

경기 모델 만들기	
1단계	선수들의 특징과 능력 파악하기
2단계	선수에 맞는 경기 시스템(포메이션) 정하기
3단계	플레잉 스타일 결정 - 팀 목표, 원리, 수단 정하기
4단계	각 경기 단계별로 상황 설정하여 상황별 묘사하기
5단계	각 경기 단계별로 설정된 상황에서 포지션별 개인 행동 정하기

1단계 : 선수들의 특징과 능력 파악하기

각 포지션별로 선수들의 특징과 능력을 파악하여 베스트 일레븐 중심으로 장단점을 정리했다. 주로 사용하는 발은 오른발(R), 왼발(L)로 표기하였다.

그림 4-41 선수들의 특징과 능력 파악하기

2단계 : 경기 시스템(포메이션) 정하기

선수들의 능력과 장점을 최대화할 수 있는 기본 포메이션으로 4-1-4-1, 변형 포메이션으로 3-5-2 포메이션을 정하였다.

그림 42 포메이션 정하기

3단계 : 플레이 스타일 결정 – 팀의 목표와 원칙 정하기

축구의 4단계 정리 후, 정해진 시스템 안에서 팀으로서, 그룹으로서 그리고 선수 개개인이 해야 할 팀과 개인 목표, 원리와 원칙, 수단 등을 정하였다.

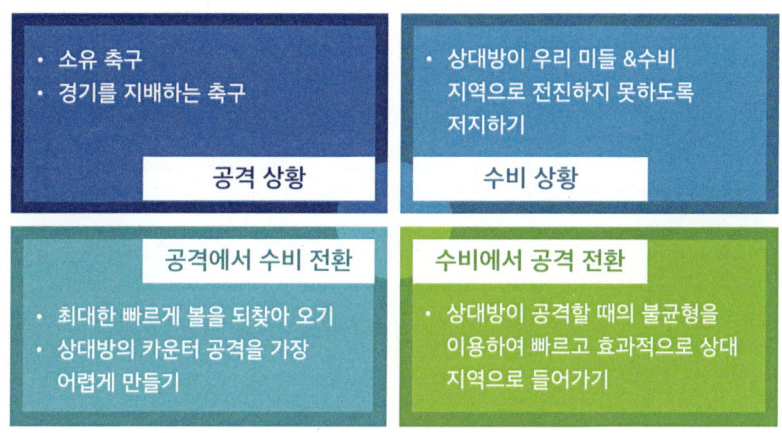

그림 43 플레이 스타일 정하기

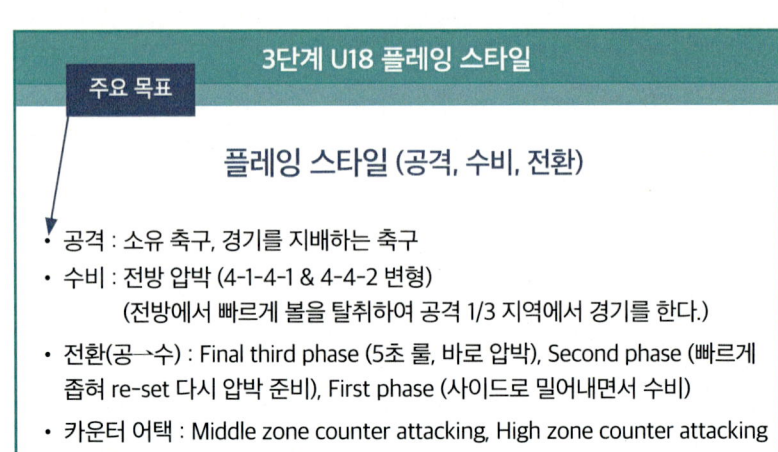

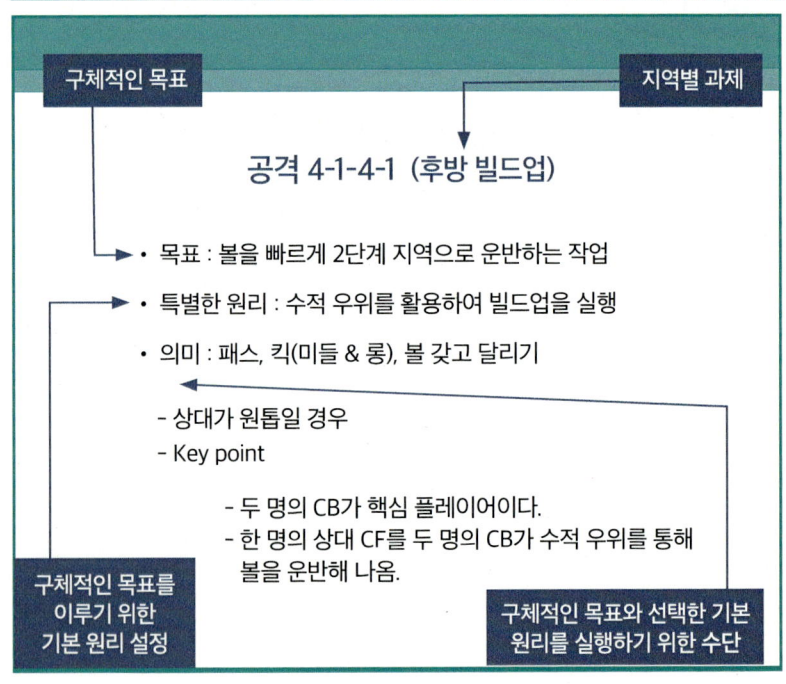

그림 4-44 3단계 U18 플레잉 스타일

4단계 : 경기 상황별 묘사 설정하기

경기 단계별 상황을 구체적으로 묘사해야 선수들의 전술적 이해를 높일 수 있고, 실제 경기장에서 선수들의 움직임이 나타날 수 있다.

공격 단계의 후방 빌드업을 예로 들면 상대가 원톱one top일 때와 투 톱two top 공격수를 활용할 때 빌드업이 다르다. 각각의 상황별 묘사는 다음과 같다.

그림 4-45 4단계 : 상황별 묘사 설정하기 1

4단계 : 상황별 묘사 설정하기	공격 단계	공격 4-1-4-1 후방 빌드업
목표	볼을 빠르게 2단계 지역으로 운반하는 작업	
전문적 원칙	수적 우위를 활용하여 빌드업을 실행	
방법	패스(짧은 인사이드 & 긴 그라운드 인스텝), 킥(미들 & 경합 & 후방), 볼을 가지고 달리기	
주요 포인트	상대가 1 top일 때	
	우리 CB 2명이 핵심 플레이어	
	상대 CF 1명을 우리 CB 2명이 수적 우위를 통해 볼을 운반해 나옴	

4단계 : 상황별 묘사 설정하기	공격 단계	공격 4-1-4-1 후방 빌드업
수적 우위를 이용한 후방 빌드업		
옵션 1	CB이 No.9를 한쪽으로 유도 후 반대쪽 CB에게 패스	
옵션 2	CB이 연결된 플레이어(DMF, FB)를 이용해 반대쪽 CB에게 패스(CB이 볼을 가지고 달리기를 해 2단계 지역으로 볼을 운반)	

그림 4-46 4단계 : 상황별 묘사 설정하기 2

4단계 : 상황별 묘사 설정하기	공격 단계	공격 4-1-4-1 후방 빌드업
목 표	볼을 빠르게 2단계 지역으로 운반하는 작업	
전문적 원칙	수적 우위를 활용하여 빌드업을 실행	
방 법	패스(짧은 인사이드 & 긴 그라운드 인스텝), 킥(미들 & 경합 & 후방), 볼을 가지고 달리기	
	상대가 2 top일 때	
주요 포인트	1명의 DMF가 핵심 플레이어	
	2명의 상대 CF와 2명의 우리 CB이 수적 우위 동등한 상황 - 1명의 DMF가 Free Making이기 때문에 DMF 통해 볼을 운반해 나름	

4단계 : 상황별 묘사 설정하기	공격 단계	공격 4-1-4-1 후방 빌드업

수적 우위를 이용한 후방 빌드업		
옵션 1	CB이 직접 패스로 DMF에게 연결	
옵션 2	CB이 연결된 플레이어(AMF 또는 FB)를 통해 DMF에게 연결	

그림 4-47 4단계 : 상황별 묘사 설정하기 3

5단계 : 설정된 상황에서 포지션별 선수 개인 행동 정하기

경기 단계 상황별 또는 포지션별로 해야 할 구체적인 행동을 정하는 단계이다. 후방 빌드업의 예로, 중앙 수비수(CB)의 행동을 설명하면 다음과 같다.

중앙 수비수는 좋은 위치를 선점하고 전방으로 드리블하여 볼을 10번, 8번 동료에게 패스하거나 최전방 공격수 9번에게 연결한다. 그리고 스위칭 플레이를 돕기 위해 경기장의 균형을 잡거나 상대의 역습에 대비한다.

그림 4-48 5단계 : 포지션별 개인 행동 정하기 1

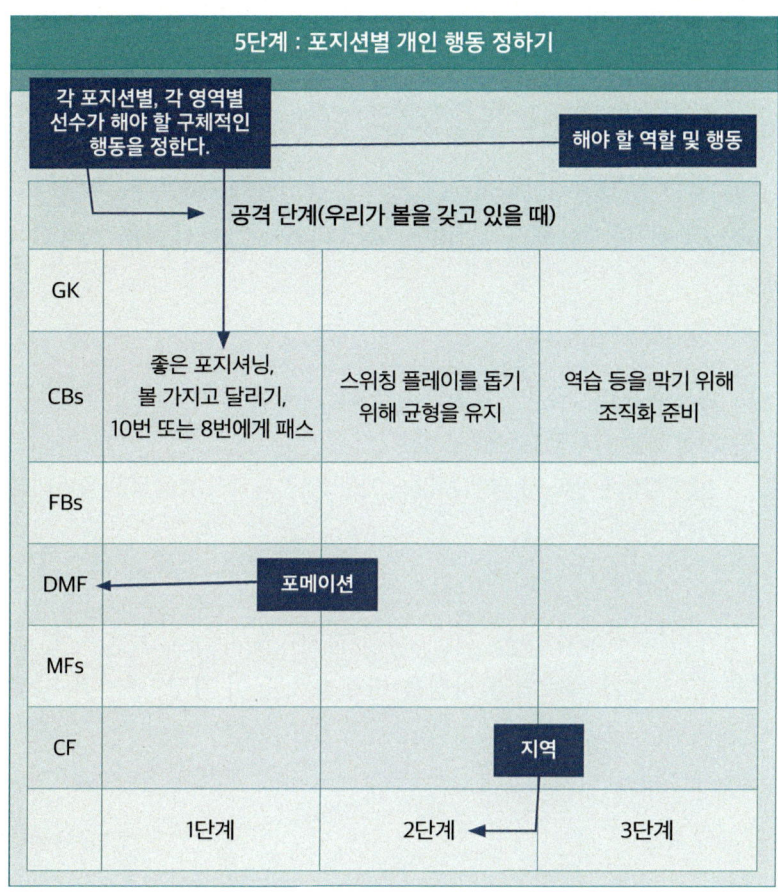

그림 4-49 5단계 : 포지션별 개인 행동 정하기 2

(2) 경기 모델과 트레이닝 프로그램

경기 상황의 4단계(공격, 수비, 공격에서 수비 전환, 수비에서 공격 전환)에 따라 구체적으로 경기 모델을 만들어 트레이닝을 해야 한다. 트레이닝은 경기 모델을 실제 경기에 적용하기 위한 과정으로, 트레이닝 프로그램을 디자인하거나 설계할 때 다음과 같은 사항을 고려해야 한다.

- 실제 축구 경기와 비슷한 환경과 맥락을 제공한다.
- 항상 볼을 가지고 훈련을 실시한다.
- 훈련 세션은 반드시 짧은 시간 안에도 항상 최고의 효율을 만들어내야 한다.

트레이닝 과정은 상대 선수, 경기 방향, 포지션, 선수들의 수 등 실제 축구 경기 맥락의 유사성을 단계별로 높여 가고, 인지적·신체적 에너지 요구를 점점 높여 가야 한다(그림 4-50).

워밍업 : 전술적 패싱 훈련

| 판단력을 크게 요구하지 않는다 | 볼 추가 | 상대방 없이도 가능 |

⬇

패싱 훈련

| 공격수의 숫자가 수비 숫자보다 많음. 그 반대도 가능 | 볼 추가 + 상대방 포함 | 방향 없을 수도 있으며 있을 수도 있음 |

⬇

점유 훈련

| 공격·수비 숫자가 같음 | 볼 추가 + 상대방 포함 | 방향 없을 수도 있으며 있을 수도 있음 |

⬇

포지션 연습

| 공격·수비 숫자를 필요에 따라 더 많이 배치해 특정 훈련 | 골대 추가 + 볼 추가 + 상대방 포함 | 방향 생김 + 포지션 추가 + 전환 상황 추가 + 전술적 콘셉트 추가 |

⬇

포지션 실행

| 양팀 인원이 동일 | 골대 추가 + 볼 추가 + 상대방 포함 | 방향 생김 + 포지션 + 전환 상황 + 전술적 콘셉트 |

⬇

경쟁

| 양팀 인원이 동일 | | 실제 경기 |

그림 4-50 경기 모델 트레이닝 과정

경기 모델 4단계 중 공격 상황에서 필요한 빌드업, 공격 1/3 지역 들어가기, 득점 등 팀 과제에 따른 주요 원칙과 트레이닝 프로그램을 제시하면 다음과 같다.

표 4-1 공격 상황의 주요 팀 과제의 대원칙, 부원칙 및 하위 원칙

팀과제	대원칙(팀)	부원칙(그룹)	하위 원칙(개인)
빌드업	1. 볼을 소유하며 두 번째 단계로 볼을 안전하게 운반하는 작업	1. 수적 우위를 활용한 후방 빌드업 2. 킥을 활용한 빌드업	① 상대가 원톱일 때 : 두 명의 CB 활용 ② 상대가 투톱일 때 : No.6 DMF 활용 ③ Key Player 활용 ④ 빠른 패스로 상대 떨어뜨리기 ⑤ 공격적인 첫 터치로 상대 끌어내거나 상대 2선 맞이하기 ⑥ 약한 쪽에 미들 킥 또는 스위칭 킥을 이용한 빌드업 ⑦ 강한 쪽에 뒤 공간 킥을 이용한 빌드업
공격 1/3 지역 들어가기	1. 하프 스페이스를 통해 상대 지역으로 빠르게 들어가는 작업	1. 사이드 지역에서 콤비네이션 2. 중앙 패스를 통한 콤비네이션	① Give & Go, 오버래핑 이용 ② One-Two Passing 이용 ③ Third man 이용 ④ 스위칭 + 오버래핑 + 언더래핑 이용 ⑤ 하프 스페이스 이용 ⑥ Quickly Switching + Link Player ⑦ Up & Down 이용 ⑧ 침투 또는 스탠딩에 의해 공간 창출

팀과제	대원칙(팀)	부원칙(그룹)	하위 원칙(개인)
스코어링	1. 기회를 만들기 위한 작업	1. Zone 14에서 슈팅 또는 킬 패스 2. 크로스 시 포인트 침투 후 간결한 득점	① 자신있게 1대1 돌파를 통한 슈팅 및 크로스 ② Zone 14 지역에서 스리 터치 안에 슈팅 ③ 슈팅 안 될 시 킬 패스 시도 ④ PTA에서는 투 터치 안에 슈팅 ⑤ 크로스 상황 시, PTA에 침투하기 위한 세 가지 포인트 1번(Near), 2번(Far), 3번 컷 백(Cut Back) ⑥ 크로스 올리는 선수는 침투하는 선수에게 맞춰 올리기보다 포인트에 맞춰 크로스

【공격 상황의 후방 빌드업 트레이닝 프로그램】

가. U18 : 공격 상황 시 후방 빌드업

경기 모델 : 후방 빌드업	기술적 훈련	8인1조 패스 훈련
	훈련 목적 이 훈련은 후방 빌드업 시 필요한 빠른 패스, 갭(Gap) 사이 볼 받기, 삼자 이용 능력을 향상시키기 위한 훈련	
	훈련 포인트 ① 질 좋은 빠른 패스 ② 주고 각 내기 ③ 리턴 정확하게 주기 ④ 3자 적극적으로 활용하기 ⑤ 앞쪽으로 퍼스트 터치	

나. U18 : 공격 상황 시 후방 빌드업

경기 모델 : 후방 빌드업	패싱 훈련	5v1 Gap, 킥 & 패싱 훈련
	훈련 목적 이 훈련은 후방 빌드업 시 Gap 사이 패스, 미들 킥, 스위칭 킥 능력을 향상시키기 위한 훈련	
	훈련 포인트 ① 질 좋은 빠른 패스 및 킥 ② 원톱 벗겨내는 드리블 ③ 원톱 벗겨내는 첫 터치 ④ 높고 느리지 않은 구질 ⑤ 볼과 함께 달리기	

다. U18 : 공격 상황 시 후방 빌드업

| 경기 모델 : 후방 빌드업 | 볼 점유 훈련 | 6v6 + S6 |

훈련 목적
이 훈련은 후방 빌드업 시 필요한 수적 우위를 통해 점진적으로 볼을 운반하는 훈련

훈련 포인트
① 볼이 가는 곳마다 수적 우위 갖기
② 삼각형, 다이아몬드 등 형태 만들기
③ 빈 공간 찾아 움직이기
④ 3자 활용하기
⑤ 상황을 설정하여 미리 옵션 만들어 놓고 플레이하기

라. U18 : 공격 상황 시 후방 빌드업

| 경기 모델 : 후방 빌드업 | 포지션 연습 | 8v6 후방 빌드업 |

훈련 목적
이 훈련은 후방 빌드업 시 상대방이 원톱일 때 수적 우위를 갖는 빌드업을 하기 위한 훈련

훈련 포인트
① 원톱일 때 수적 우위 갖기 위한 방법
② 키맨 찾아서 풀어 나오기(6번 또는 양쪽 CB 활용)
③ GK 활용
④ 상대방을 떨어뜨리는 빠른 패스
⑤ 상대방을 유도해 나오게 하는 첫 터치
⑥ 커뮤니케이션

【공격 1/3 지역 들어가기 & 스코어링 트레이닝 프로그램】

가. U18 : 공격 상황 시 공격 1/3 지역 들어가기 + 스코어링

경기 모델 : 공격 1/3 지역 들어가기 + 스코어링	기술적 훈련	6인1조 크로스 & 슈팅
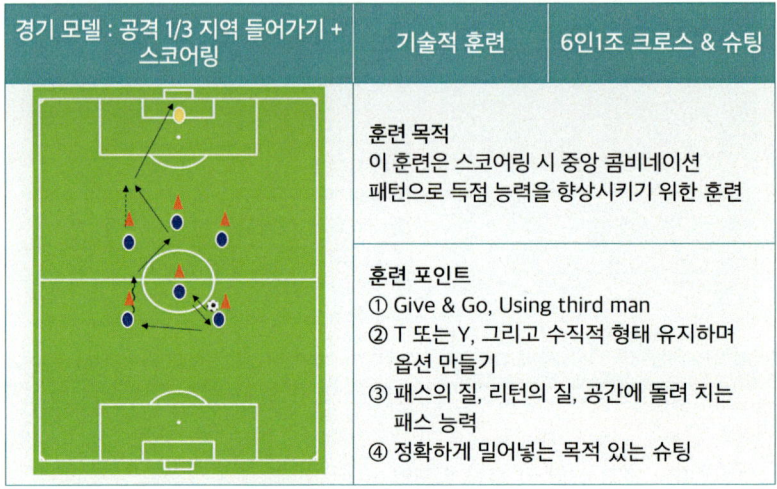	**훈련 목적** 이 훈련은 스코어링 시 중앙 콤비네이션 패턴으로 득점 능력을 향상시키기 위한 훈련	
	훈련 포인트 ① Give & Go, Using third man ② T 또는 Y, 그리고 수직적 형태 유지하며 옵션 만들기 ③ 패스의 질, 리턴의 질, 공간에 돌려 치는 패스 능력 ④ 정확하게 밀어넣는 목적 있는 슈팅	

나. U18 : 공격 1/3 지역 들어가기 + 스코어링

경기 모델 : 공격 1/3 지역 들어가기 + 스코어링	패싱 훈련	8v5
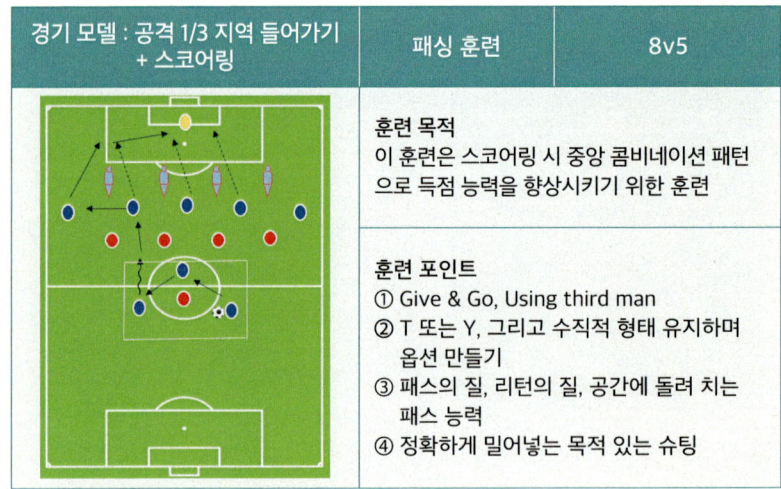	**훈련 목적** 이 훈련은 스코어링 시 중앙 콤비네이션 패턴으로 득점 능력을 향상시키기 위한 훈련	
	훈련 포인트 ① Give & Go, Using third man ② T 또는 Y, 그리고 수직적 형태 유지하며 옵션 만들기 ③ 패스의 질, 리턴의 질, 공간에 돌려 치는 패스 능력 ④ 정확하게 밀어넣는 목적 있는 슈팅	

다. U18 : 공격 1/3 지역 들어가기 + 스코어링

경기 모델 : 공격 1/3 지역 들어가기 + 스코어링	볼 점유 훈련	5v5 + S3

훈련 목적
이 훈련은 파이널 서드 들어가기 위한 훈련이며, Give & Go, Using third man, Direct, Indirect play를 이용하여 진입한다. 또한 진입 이후 스코어링 능력까지 향상시키기 위함

훈련 포인트
① 공격 1/3 지역 들어가기
  - T 또는 Y, 그리고 수직적 형태 유지하며 옵션 만들기
  - Give & Go, Using third man, Dummy, Direct play를 활용해 공격 1/3 지역 진입
② 스코어링
  - 5초 안에 빠르게 득점하기
  - 목적 있는 슈팅으로 정확하게 밀어넣기
  - 박스 안에서의 날카로운 움직임 가져가기

라. U18 : 공격 1/3 지역 들어가기 + 스코어링

경기 모델 : 공격 1/3 지역 들어가기 + 스코어링	포지션 연습	9v10
	**훈련 목적** 이 훈련은 공격 1/3 지역 들어가기 위한 훈련이며, Give & Go, Using third man, Direct, Indirect play를 이용하여 진입한다. 또한 진입 이후 스코어링 능력까지 향상시키기 위함	
	훈련 포인트 ① 공격 1/3 지역 들어가기 　- T 또는 Y, 그리고 수직적 형태 유지하며 옵션 만들기 　- Give & Go, Using third man, Dummy, Direct play를 활용해 공격 1/3 지역 진입 　- 패스의 질적 측면 강조, 타이밍, 침투 ② 스코어링 　- 정확한 크로스(early, rate, cut back) 　- 크로스에 대한 박스 안 움직임 　- 박스 안 다양한 상황에 대한 움직임, 득점 마무리 강조	

참고문헌

김의수·옥정석·허정무·조영증·오규상·김용진·조규권·이강석·조순묵·이성철·김종환·이용수 (2000). 『축구-기본 기술 및 전술 트레이닝』, 두남출판사.
김기영 (2010). 『트레이닝의 이론과 실제』, 북코리아.
남상남·안정훈·김일곤·이종호·김승석·차진 (2010). 『경기력 향상과 건강 증진을 위한 과학적 트레이닝』, 도서출판 대선.
대한축구협회 (2021). 『2021 전국 초중고 축구리그 운영 규정』.
전경선 (2011). 「축구 주말리그 시행 후 중학교 학생선수들의 학교생활과 생활 주기 변화에 관한 연구」, 고려대학교 석사학위 논문.
백승주 (2022). "Creating a game model through the use of language", Unpublished article.
O'Shea, P., 정성태·전태원·이용수 옮김 (1999). 『파워 트레이닝(Quantum strength & power training)』, 도서출판 태근.

Aquino, R., Goncalves, L., Vieira, P., Oliveira, L., Alves, G., Santiago, P., & Puggina, E. (2016). "Periodization training focused on technical-tactical ability in young soccer players positively affects bio-chemical makers and game performance", *Journal of Strength and Conditioning Research*, 30(10): 2723-2732.
Bompa, T. (1983). *Theory and methodology of training*, Hunt, Iowa: Kendall.
Bordonau, D. & Villanueva, M. (2018). *Tactical Periodization - a proven successful training model*, London: SoccerTutor.com.
Bordonau, D. & Villanueva, M. (2012). "Tactical Periodization: Mourinho's best-kept secret?", *Soccer Journal*, May/June: 28-34.

Carvalhal, C. (2002). *No treino de futebol de Rendimento Superior*, Braga: Liminho, Industrias Graficas Lda.

Cassidy, T., R. Jones, and P. Potrac. (2004), *Understanding sports coaching: The social, cultural and pedagogical foundations of coaching practice*, London: Routledge.

Cunanan, A., DeWeese, B., Wagle, J., Carroll, K., Sausaman, R., Hornsby III, W., Haff, G., Triplett, N., Pierce, K., & Stone, M. (2018). "The General adaptation syndrome: A foundation for the concept of periodization," *Sports Medicine*, 48: 787-797.

DeWeese, B., Gray, H., Sams, M., Scruggs, S., & Serrano, A. (2013). "Revising the Definition of Periodization: Merging Historical Principles with Modern Concern," *Olympic Coach Magazine*, 24: 5-19.

Drust, B., Atkinson, G., & Reilly, T. (2007). "Future perspectives in the evaluation of the physiological demands of soccer," *Sports Medicine*, 37(9): 783-805.

Favero, T., & White, J. (2018). "Periodization in college soccer," *Strength and Conditioning Journal*, 40(3): 33-44.

Gomes, M. (2006). "Do Pe como Tecnica ao Pensamento Tecnico dos Pes Dentro da Caixa Preta da Periodizacao Tactica", Porto: M. Gomes, Dissertacao de Licenciatura apresentada a Faculdade de Desporto da Universidade do Porto.

Jankowski, T. (2016). *Coaching Soccer like Guardiola & Mourinho - the concept of tactical periodization*, Aachen: Meyer & Meyer Verlag.

Jones, R.L. (2006). "How can educational concepts inform sports coaching?" In, *The sports coach as educator*, (ed.) R.L. Jones, 3-13, London and New York: Routledge.

Jeffreys, I., Huggins, S., & Davies, N. (2018). "Delivering a gamespeed-focused speed and agility development program in an English premier league soccer academy," *Strength and Conditioning Journal*, 40(3): 23-32.

Krustrup, P., Mohr, M., Ellingsgaard, H., & Bangsbo, J. (2005). "Physical demands during an elite female soccer game: Importance of training status," *Medicine & Science in Sports & Exercise*, 37(7): 1242-1248.

Light, R. (2004). "Coaches' experience of Game Sense: Opportunities and challenges," *Physical Education and Sport Pedagogy* 9, no. 2: 115-132.

McCrone, J. (2002). *Como Funciona o Cérebro: um guia para principiantes*, Dorling Kindersley – Civilização Editores, Porto.

Matveyev, L. (1977). *Fundamentals of sports training*, Moscow: Fizkultura 1 sport.

Mohr, M., Krustrup, P., Bangsbo, J. (2003). "Match performance of high-standard soccer players with special reference to development of fatigue," *Journal of Sports Science*, 21: 518-528.

Oliveira, G. (2004). "Conhecimento especifico em Futebol", Dissertacao de Mestrado apresentada a Faculdade de Ciencias de Desporto e de Educacao Fisica da Universidade do Porto.

Passos, P., Araújo, D., Davids, K., and Shuttleworth, R. (2010). "Manipulating task constraints to improve tactical knowledge and collective decision-making in rugby union", In I. Renshaw, K. Davids, & G. Savelsbergh (eds.), *Motor learning in practice: A constraints-led approach,* pp.120-130, New York, NY: Routledge.

Raymond Verhijen(2014). *Football Periodization: Always play with your strongest team*, World Football Academy.

Reilly, T. (2003). "Motion analysis and physiological demands", In Reilly T, Williams AM, (eds.), *Science and Soccer*, London: Routledge, pp.59-72.

Reilly, T., Bangsbo, J., & Franks, A. (2000). "Anthropometric and physio-logical predispositions for elite soccer", *Journal of Sports Sciences*, 18(9): 669-683.

Tamarit, X. (2015). *What is tactical periodization?*, Oakamoor: Ben-nion Kearny Limited.

Verheijen, R. (2003). "Periodization in football: preparing the Korean National Team for the 2002 world cup," *Insight: the F. A. Coaches Association Journal*, 6(2): 30-33.

Young, W. B., and Pryor, L. (2007). "Relationship between pre-season anthropometric and fitness measures and indicators of playing performance in elite junior Australian rules football", *Journal of Science and Medicine in Sport*, 10: 110-118.